Bhagavad Gita

tradução | Rafael Arrais

Bhagavad Gita

Sumário

Prefácio

Você pensa em mim toda hora
Me come, me cospe, me deixa
Talvez você não entenda
Mas hoje eu vou lhe mostrar:

Eu sou a luz das estrelas
Eu sou a cor do luar
Eu sou as coisas da vida
Eu sou o medo de amar

Eu sou o medo do fraco
A força da imaginação
O blefe do jogador
Eu sou, eu fui, eu vou...

Gita! Gita! Gita!

Ao se deparar com tais versos, a maior parte dos brasileiros vai associá-los a famosa composição de Paulo Coelho e Raul Seixas, *Gita*. Mas talvez seja uma grande minoria que terá conhecimento da fonte original de boa parte das palavras usadas na música: O *Bhagavad Gita*, a sublime canção, um dos textos mais sagrados de toda a humanidade.

Embora mais famoso no Oriente (particularmente na Índia, sua terra de origem), o *Bhagavad Gita* eventualmente foi traduzido do sânscrito para o inglês e, dessa forma, pôde ser apreciado também por grandes mentes ocidentais que não lhe pouparam elogios, e até mesmo certa reverência:

Comparado com o Gita, *o nosso mundo moderno e toda a sua literatura se parecem insignificantes e triviais* (Henry David Thoreau)

O Bhagavad Gita *é a coisa mais profunda e mais sublime de que dispõe o mundo dos homens* (Wilhelm von Humboldt)

Foi o primeiro dos livros, como se todo um império nos falasse; nada pequeno ou sem significância, mas grandioso, vasto e consistente, a voz de uma inteligência muito antiga (Ralph Waldo Emerson)

Este livro é um dos resumos mais claros e compreensivos da filosofia perene que já nos foram revelados; o seu valor persiste até hoje não somente em benefício da Índia, mas de toda a humanidade (Aldous Huxley)

O *Bhagavad Gita* (A canção [*gita*] do Senhor [*Bhagavan*; a forma humana da divindade]) é um episódio da imensa e milenar epopeia hindu, o *Mahabharata* (Grande [*maha*] Índia [*bharata*]), que contém 250 mil versos, descrevendo a grande guerra entre os Kurus e os Pândavas, que tinha por objetivo a conquista de Hastinapura, um dos centros mais importantes da antiga civilização ariana.

Numa interpretação literal, o livro traz um diálogo existencial entre Arjuna, um dos cinco príncipes dos Pândavas, e o cocheiro de sua carruagem de guerra, seu grande amigo Krishna, em meio ao horror de uma batalha entre dois povos que possuíam muitos laços familiares. Porém, como bem dizia Joseph Campbell, grande estudioso de mitologia do século XX:

6

Há uma velha história que ainda é válida. A história da busca. Da busca espiritual... Que serve para encontrar aquela coisa interior que você basicamente é. Todos os símbolos da mitologia se referem a você. Você renasceu? Você morreu para a sua natureza animal e voltou à vida como uma encarnação humana? Na sua mais profunda identidade, você é Deus. Você é um com o ser transcendental. (trecho de *O Poder do Mito*)

Ora, numa interpretação mais profunda do *Gita*, fica claro que o amigo do príncipe Arjuna é muito, muito mais do que um mero cocheiro. Nalgumas tradições hindus, Krishna é considerado o *avatar* (encarnação terrena de uma divindade) do deus Vishnu; e noutras tradições ele é considerado a encarnação do próprio Deus Supremo. Em todo caso, o que nos importa em uma interpretação esotérica da obra é que enquanto Arjuna pode ser associado ao ser ainda nos primeiros estágios de sua busca espiritual, Krishna é a representação do final do caminho: a dissolução do ego e a sua união com o *logos* divino, o Eu Superior, o Cristo.

A batalha retratada no início da canção deve ser compreendida como o embate interno, da alma com ela mesma, em busca de sua própria reformulação moral, em suma, sua evolução no caminho para conhecer a si mesma, um pensamento, um ensinamento de cada vez. Não é sem razão que Arjuna se vê incapaz de participar da guerra entre o seu grupo, os Pândavas, e o grupo adversário, os Kurus. Eis que ambos nada mais são do que a representação de nossos próprios pensamentos: é uma batalha psicológica, uma batalha que todos nós travamos em nosso interior desde o momento em que tomamos consciência de nossa existência – quer compreendamos, quer não...

7

Os autores do *Bhagavad Gita* colocam a narração de toda a história na voz de Sanjaya, o fiel servidor do rei cego dos Kurus, Dhritarashtra. Já os Pândavas são seguidores da rainha Kunti, mãe de Arjuna. Ora, Dhritarashtra, o rei cego de nascença, representa a vida material, ancorada nas forças inferiores do ego; já Kunti representa a pureza da alma, e a vontade de reconexão com a divindade, enfim, nosso lado espiritual.

Arjuna, ao perceber que ambos os exércitos fazem parte de si mesmo, que em essência todos são seus parentes, seus irmãos, desperta naquele momento de uma longa existência no mundo das ilusões, o mundo material transitório, e passa a considerar também a existência do mundo da essência, o mundo eterno, de onde vem seu amigo Krishna.

Não se trata, dessa forma, de uma batalha que precise ter um exército vencedor e um derrotado, mas de uma batalha pela reconciliação das forças interiores, para que tanto os Kurus quanto os Pândavas reconheçam, relembrem, que no fim das contas são todos filhos de um mesmo ser.

E o que Krishna ensina ao príncipe Arjuna no restante desta sublime canção é precisamente que *este ser é você!*

Sobre a tradução

O sânscrito faz parte do conjunto de 23 línguas oficiais da Índia nos dias atuais. No entanto, na época em que o *Bhagavad Gita* foi escrito, provavelmente entre os séculos V e II a.C., ainda era utilizado o chamado sânscrito védico, que guarda muitas características específicas. O sânscrito é uma das línguas mais antigas do mundo, a sua posição nas culturas do sul e sudeste da Ásia é comparável ao latim e ao grego antigo na Europa, influenciando diversas línguas da região. O estudo do sânscrito é muito complexo para um ocidental, e geralmente requer anos e anos de dedicação...

Neste cenário, seria deveras complexo e pretensioso traduzir tal obra direto do original. Felizmente, no entanto, posso contar com a tradução clássica de Sir Edwin Arnold para o inglês. Arnold (1832 – 1904) foi um poeta e jornalista britânico que viveu na Índia e dedicou boa parte da vida a estudar sua cultura e, particularmente, o sânscrito em suas diversas variantes. Além do seu célebre poema *The light of Asia* (*A luz da Ásia*), sobre a vida do Buda, ele também é reconhecido por haver composto uma das traduções mais fiéis do *Bhagavad Gita* para o inglês.

Em minha tradução do inglês, usei a versão da tradução de Arnold conforme compilada pela *American Gita Society* (AGS), com a introdução de alguns capítulos e as marcações dos versos, no geral tornando a experiência de leitura mais agradável para os recém–chegados a este tipo de literatura.

A marcação dos versos segue o estilo abaixo:

Os não dualistas, que me adoram como aquilo que perdura em todos os seres, permanecem em mim independente do seu estilo de vida. (6.31)

Ou seja, (6.31) corresponde ao *verso 31* do *capítulo 6*.

Alguns versos são considerados "versos chave" para o entendimento da obra, segundo a AGS. Eu mantive os destaques incluindo as marcações desses versos em negrito, seguido de um asterisco, como no exemplo abaixo:

É considerado o melhor yogi aquele que considera a todos os seres como a si mesmo, e que sente as dores e as alegrias dos demais como as suas próprias, ó Arjuna. (**6.32***)

E, com isso, lhes deixo na companhia da antiga sabedoria da Grande Índia...

Rafael Arrais é poeta, escritor, tradutor, blogueiro e caminhante.

Bhagavad Gita

CAPÍTULO I – O DILEMA DE ARJUNA

A guerra do Mahabharata *teve início após o fracasso de todas as tentativas de negociação realizadas por Lorde Krishna e alguns outros. O rei cego (Dhritarashtra) nunca teve a certeza da vitória de seus filhos (os Kurus), a despeito da superioridade do seu exército. O sábio Vyasa, o autor do* Mahabharata*, desejou conferir ao rei cego a dádiva da visão para que ele próprio pudesse ver os horrores da guerra pela qual ele era o principal responsável.*

Ele não quis ver os horrores da guerra, e preferiu receber as notícias da batalha pela voz de seu cocheiro, chamado Sanjaya. O sábio Vyasa, desta forma, conferiu a Sanjaya o poder da clarividência. Com ela, o cocheiro podia ver, ouvir e rememorar os eventos do passado, do presente e do futuro. Assim, ele podia informar ao rei cego, sentado no trono de seu palácio real, sobre tudo o que transcorria na guerra.

Bhishma, o mais forte dos homens, e comandante-em-chefe do exército dos Kurus, foi ferido mortalmente por Arjuna, príncipe dos Pândavas (o exército rival), e está esticado ao solo em meio ao campo de batalha no décimo dia da guerra. Após ouvir esta má notícia de Sanjaya, o rei cego perde todas as esperanças na vitória de seus filhos.

Agora o rei cego deseja conhecer todos os detalhes da guerra, desde o seu início. Ele deseja, sobretudo, saber como o mais forte dos homens, e comandante—em—chefe de sua poderosa armada – aquele que tinha a dádiva de morrer assim que desejasse – foi derrotado no campo de batalha...

Os ensinamentos do Gita se iniciam com este pedido do rei cego, após o qual Sanjaya descreve como Bhishma foi derrotado:

O rei inquiriu: Sanjaya, por favor me conte agora, em detalhes, o que o meu povo (os Kurus) e os Pândavas realizaram no campo de batalha antes do início da guerra? (1.01)

Sanjaya disse: Ó rei, após observar a formação de batalha do exército dos Pândavas, seu filho (Duryodhana) se aproximou de seu guru (Drona) e proferiu essas palavras: (1.02)

Ó mestre, contemple a poderosa armada dos Pândavas, organizada em formação de batalha pelo seu outro talentoso discípulo! Há muitos grandes guerreiros, homens valentes, heróis e habilidosos arqueiros. (1.03—06)

Os comandantes dos Kurus são apresentados

Também há muitos heróis do meu lado que arriscaram suas vidas por mim. Eu devo trazer os nomes dos poucos distintos comandantes de minha armada para a sua informação.

Então, ele nomeou todos os oficiais de seu exército, incluindo Bhishma, e disse: Eles estão armados com as mais variadas armas, e são muito hábeis na guerra. (1.07−09)

Nosso exército é invencível, enquanto o deles pode ser conquistado. Dessa forma, todos vocês, ocupando suas respectivas posições em nossa formação de batalha, protejam nosso comandante−em−chefe, Bhishma! (1.10−11)

A batalha se inicia com o sopro das conchas

O poderoso comandante−em−chefe e o guerreiro mais velho de sua dinastia rugiu como um leão e soprou vigorosamente sua concha, soando um grande estrondo e trazendo alegria para seu filho, ó rei. (1.12)

Logo após, conchas, tambores, címbalos e outros instrumentos soaram em uníssono. A comoção foi tremenda por todo o exército dos Kurus. (1.13)

Do outro lado do campo de batalha, entre os Pândavas, vinha o príncipe Arjuna, acomodado numa grandiosa carruagem de guerra puxada por cavalos brancos e conduzida por Lorde Krishna. Em resposta aos Kurus, ambos sopraram suas conchas celestiais. (1.14)

Krishna foi o primeiro a soar sua concha, e em seguida Arjuna e todos os demais comandantes dos Pândavas sopraram seus instrumentos. Todo aquele rugido, ressoando através da terra e do céu, fez estremecer o coração dos Kurus. (1.15−19)

Arjuna deseja inspecionar o exército dos Kurus

Observando tantos guerreiros prestes a combater, e o início da guerra com os primeiros tiros de flechas, Arjuna, cuja bandeira trazia o emblema de Lorde Hanuman (o deus−macaco), apanhou o seu grande arco e disse tais palavras ao Lorde Krishna:

Ó grande amigo, por favor, conduza minha carruagem até o espaço entre os dois exércitos. Eu preciso ver de perto aqueles que estão ansiosos pela batalha, aqueles que desejam nos matar, e com os quais terei de lutar nesta guerra sangrenta. (1.20−22)

Eu desejo ver aqueles que estão dispostos a servir e satisfazer ao malicioso e vingativo filho de Dhritarashtra (Duryodhana), aqueles que vieram se apresentar para esta guerra insensata. (1.23)

Sanjaya disse: Ó rei, conforme requisitado por Arjuna, Lorde Krishna conduziu a melhor de todas as carruagens de guerra até o espaço entre os dois exércitos, virada para o lado dos Kurus, e então disse a Arjuna:

Contemple a todos os soldados que se apresentaram para a batalha! (1.24−25)

Arjuna viu estarrecido que no outro lado do campo de batalha se encontravam também muitos de seus parentes: pais e filhos, irmão, cunhados, avós e netos, tios e sobrinhos, sogros e genros. (1.26)

O dilema de Arjuna

Ante tal visão, Arjuna foi tomado de uma grande compaixão e pronunciou tais palavras com imensa tristeza:

Ó Krishna, ver meus parentes em ambos os lados do campo de batalha, com vontade de lutar até a morte, faz minha alma arrefecer e minha boca ressecar. Meu corpo estremece e meu pelo fica todo arrepiado. (1.27−29)

Meu arco escorrega das mãos, e minha pele se incendeia. Minha cabeça tonteia, eu mal consigo permanecer de pé. Ó Krishna, eu vejo maus presságios. Eu não vejo nenhum sentido em matar meus parentes nesta guerra. (1.30−31)

Não desejo nem a vitória nem a conquista de reino algum, ó Krishna. Qual o uso de um reino, dos espólios da guerra, ou mesmo da própria vida, se todos eles estão aqui, agora, dispostos a lutar entre si até a morte? [1 − *notas na pág. 145*] (1.32−33)

Eu não quero matar nenhum dos meus parentes, nem mesmo pelos reinos do céu, e muito menos pelos reinos da terra, ó Krishna. (1.34−35)

Ó meu amigo, que prazer nós poderemos encontrar na matança de nossos irmãos? Nesta guerra insensata tudo o que podemos colher é o remorso e o arrependimento. (1.36)

Desta forma, não devemos lutar contra nossos parentes. Como poderíamos ser felizes após matá−los, ó Krishna? (1.37)

Apesar de estarem cegos pela ganância, e não conseguirem perceber o grande mal que há na destruição de sua própria família, ou o pecado em serem traiçoeiros com seus amigos, por que nós, que podemos ver claramente esta grande calamidade, deveríamos concordar com ela, ó Krishna? (1.38–39)

Arjuna descreve os malefícios da guerra

Com a destruição da família, as antigas tradições e códigos de conduta também são perdidos, e a imoralidade passa a prevalecer. (1.40)

E quando a imoralidade prevalece, ó Krishna, as mulheres da família se tornam corrompidas, assim como seus filhos indesejados [2] (1.41)

Tudo isso carrega tanto a família quanto seus assassinos para o inferno, pois os espíritos de seus antepassados são esquecidos pelos filhos corrompidos, que já não lhe prestarão mais as oferendas cerimoniais nem o respeito devido. (1.42)

Pelo ato ilegítimo e pecaminoso de tais rebentos indesejados, as qualidades ancestrais da família e toda a ordem social são destruídas. (1.43)

Já nos foi dito, ó Krishna, que os membros de tais famílias corrompidas vagueiam pelo inferno por um longo período. [3] (1.44)

Ai de nós, de todos nós! Estamos prestes a cometer um grande pecado ao concordarmos com essa matança insensata de nossos parentes, tudo por conta da ganância dos prazeres e riquezas do reino (Hastinapura [4]). (1.45)

Para mim seria muito melhor que meus irmãos me matassem com suas armas na batalha, enquanto eu estivesse desarmado e sem oferecer resistência. Que eles bebam o sangue do meu coração... (1.46)

Sanjaya disse: Tendo dito isso tudo ao seu amigo Lorde Krishna, e deixando seu arco e suas flechas de lado, o príncipe Arjuna se recostou no assento de sua carruagem de guerra, com sua alma inundada de angústia e tristeza. (1.47)

CAPÍTULO II – O CONHECIMENTO TRANSCENDENTAL

Sanjaya disse: Lorde Krishna, ao ver as lágrimas nos olhos de Arjuna, e como o príncipe estava tomado de compaixão e desespero, lhe disse estas palavras: (2.01)

De onde chegou tamanho abatimento, ó Arjuna? Esta atitude é indigna de um homem de mente nobre, e que visa praticar nobres ações. Ela lhe conduz a desgraça e lhe afasta das portas do céu. [5] (2.02)

Não se torne uma alma covarde, ó Arjuna, pois isto não é digno de quem você é. Sacode para longe esta fraqueza, limpa seu coração dela, e se prepara para a batalha! (2.03)

Arjuna continua a defender sua tese contra a guerra

Arjuna disse: Mas como eu poderia apontar meu arco e atirar em Bhishma, ou Drona, ou qualquer um dos meus parentes, ó Krishna? (2.04)

Para mim seria melhor, de fato, viver como um mendigo neste mundo do que matar tais nobres personalidades. De que me valeria conquistar suas riquezas e seu poder, se em tudo haveria as manchas de sangue dessa guerra insensata? (2.05)

Nós não sabemos qual alternativa – lutar ou se retirar – é a melhor neste momento. Nós sequer sabemos se seria melhor que nós os conquistássemos, ou que eles nos conquistassem. Nós não deveríamos sequer desejar continuar vivendo após termos participado da matança de nossos irmãos... (2.06)

Meus sentidos estão obstruídos por tamanha tristeza, e minha mente está confusa sobre o meu dever (*dharma*). Por favor, meu amigo, me aconselha sobre o que devo fazer. Eu sou o seu discípulo, e em sua sabedoria eu me abrigo. (2.07)

Eu não vejo como a conquista do reino mais próspero desta terra poderia aplacar minha tristeza. Ainda, ó Krishna, que me fosse oferecido o poder sobre todos os exércitos celestes, eu não aceitaria, já que isso em nada aliviaria minha angústia ante tal matança entre irmãos. [6] (2.08)

Sanjaya disse: Ó rei, após haver dito tais palavras ao Lorde Krishna, o poderoso príncipe Arjuna tomou sua decisão, e lhe disse: Eu abdico desta guerra! (2.09)

Então Lorde Krishna, com um terno sorriso nos lábios, disse tais palavras ao príncipe abatido, enquanto ambos estavam no espaço que havia entre os exércitos dos Kurus e dos Pândavas: [7] (2.10)

Os ensinamentos de Krishna começam pelo verdadeiro conhecimento da alma e do corpo

Lorde Krishna disse: Você se entristece por aqueles que não são dignos da sua tristeza, mas ainda assim suas palavras trazem grãos de verdade. Elas exprimem a sabedoria do mundo exterior, mas são ainda insuficientes para satisfazer à mente interior. Os sábios, em realidade, não se deixam abater nem pelos vivos nem pelos mortos. (**2.11★**)

Jamais houve um tempo em que todos esses reis, você, ou eu, não existíssemos; tampouco haverá algum tempo futuro em que deixaremos de existir. [8] (2.12)

Assim como a alma adquire um corpo de criança, um corpo de jovem e um corpo de velho durante sua vida, da mesma forma, a alma adquire outro corpo após a morte. Isto é muito claro para os sábios. (**2.13★**)

Ao contato dos sentidos, as formas e objetos dão vazão a sensações de frio e calor, de dores e prazeres. Todas essas sensações são transitórias e impermanentes. Dessa forma, devemos aprender a suportá—las sem nos apegarmos a elas, ó Arjuna. (2.14)

Pois uma pessoa verdadeiramente calma e tranquila, que não se deixa afligir ou apegar por essas formas e objetos, e permanece sempre estável em meio às dores e aos prazeres, se torna apta a trilhar o caminho para a imortalidade. (2.15)

O Espírito é eterno, o corpo é transitório

O Espírito invisível (*atma*) é eterno, e o corpo visível é transitório. A realidade da relação entre ambos é certamente conhecida pelos sábios, que investigaram a si mesmos por um longo tempo, e finalmente chegaram a verdade sobre sua própria essência. (2.16)

O Espírito que preenche todo este universo é indestrutível. Ele está em tudo e abarca a todas as coisas. Ninguém pode destruir o que é imperecível. (2.17)

Mas os corpos que abrigam momentaneamente o Espírito eterno, imutável e incompreensível, esses são perecíveis, ó Arjuna. Dessa forma, se prepara para a batalha! (2.18)

Aquele que pensa que o Espírito é um assassino se comporta como aquele que pensa que o Espírito pode ser assassinado, e ambos vivem na ignorância, pois o Espírito nem mata e nem pode ser morto. (**2.19★**)

O Espírito jamais nasce ou, nalgum tempo, morre. Ele não vem à existência, nem cessa de existir. Ele é incriado, eterno, permanente e primordial. Quando o corpo perece ou é destruído, o Espírito perdura. (2.20)

Ó Arjuna, como pode uma pessoa que sabe que o Espírito é indestrutível, eterno, incriado e imutável, matar alguém, ou fazer com que qualquer um seja morto? (2.21)

A morte e a transmigração da alma

Assim como alguém veste uma nova roupa após se livrar da antiga, da mesma forma, a entidade viva da alma individual adquire novos corpos após descartar os antigos. [9] (**2.22★**)

As armas não perfuram tal Espírito, o fogo não o queima, a água não o umedece, e o vento não o deixa seco. O Espírito não pode ser perfurado, queimado, umedecido ou ressecado. Ele é eterno e preenche a tudo o que há. Ele é imutável, permanente, o ancestral de todos. (2.23–24)

Nós sabemos que ele é inefável, incompreensível, incognoscível, que mora além das palavras e do intelecto. E, se você também sabe disso, não deve se deixar afetar pela tentação de tentar conceber o inconcebível. [10] (2.25)

E ainda, ó Arjuna, que você creia que a alma nasce e morre junto com o corpo, isso ainda não seria motivo para tamanha tristeza. Pois que a morte é algo certo para aquele que nasce, e o nascimento necessariamente antecede aquele que vive.

Dessa forma, um deriva do outro, e ambos são inevitáveis. Ó príncipe, não se lamente em demasia sobre o que é inevitável. (2.26-27)

Todos os seres são imanifestos, invisíveis aos olhos do corpo, antes do nascimento e após a morte. O período de sua manifestação física é transitório, passageiro, e compreende tão somente uma única vida. Ante tal fato, o que há para nos afligir? (**2.28★**)

O Espírito indestrutível transcende a mente e a linguagem

Alguns observam tal Espírito como uma grande maravilha, outros o descrevem como algo maravilhoso, enquanto outros somente ouvem falar de sua grandeza. Mesmo após ouvirem falar dele, são raríssimos aqueles que se iniciam no caminho da sua compreensão. (2.29)

Ó Arjuna, o Espírito que habita o corpo de todas as coisas é eterno e indestrutível. Dessa forma, não há razão em se abandonar a aflição e a tristeza pela morte de ninguém. (2.30)

*Lorde Krishna relembra a Arjuna do seu dever como
guerreiro*

Considerando o seu dever como um guerreiro, você não deveria renunciar a batalha, ó Arjuna. Pois que não há nada mais auspicioso para um guerreiro do que uma guerra justa. (2.31)

Somente os guerreiros mais afortunados ganham tal oportunidade de lutar numa guerra pela qual não estavam procurando, mas que se tornou um dever. Uma batalha como esta é como um portão aberto para o céu. (2.32)

Acaso se abstenha de lutar nessa guerra tão justa, você falhará em seu dever como guerreiro, perderá sua reputação e cometerá um pecado. (2.33)

As pessoas falarão da sua desgraça pelo resto de seus dias. Para o honrado, a desonra é pior do que a morte. (2.34)

Os grandes guerreiros pensarão que você fugiu da batalha por conta do medo. Aqueles que sempre lhe tiveram na mais alta estima, ó Arjuna, perderão seu respeito pelo príncipe dos Pândavas. (2.35)

Seus inimigos irão zombar de suas habilidades e caçoar de você, e apesar de grosseiras, suas palavras trarão certa verdade. E o que poderia ser mais doloroso do que esta desonra? (2.26)

Se acaso for morto na linha de batalha, será encaminhado diretamente ao céu, como prêmio por sua bravura. Se acaso vencerem os Kurus, todo o reino de Hastinapura será seu por direito. Assim sendo, toma coragem e se encaminha para esta guerra, ó Arjuna! (2.37)

Vai e luta com a mente tranquila. Tratando a dor e o prazer, o ganho e a perda, e a vitória e a derrota com a mesma serenidade, vai e realiza o seu dever. Dessa forma, não terá chance alguma de incorrer em pecado. [11] (**2.38★**)

A importância do serviço altruísta

A ciência do conhecimento transcendental (*Sankya*) lhe foi comunicada, ó Arjuna. Agora escute acerca da ciência do serviço altruísta (*Seva*), através do qual você poderá se libertar de todas as amarras do karma. (2.39)

Não há esforço que seja perdido no serviço altruísta, assim como não há nenhum efeito adverso possível em tal caminho. Mesmo uma prática curta de tal ciência já será capaz de proteger o ser do grande temor dos nascimentos e mortes em sequência. (2.40)

Um trabalhador altruísta, desinteressado dos resultados de seu trabalho, porém alegre em simplesmente poder realizar a determinação da natureza, jamais perderá tal alegria.
Aquele que, pelo contrário, trabalha somente pensando em apreciar os frutos de seu esforço, está condenado a uma alegria pobre e passageira. (2.41)

Os Vedas tratam de ambos os aspectos da vida, o material e o espiritual

Aqueles que se iludem e se limitam a cantar melodiosamente os *Vedas* [12], sem compreender o seu sentido real, sofrem de tais alegrias passageiras, ó Arjuna. Eles creem que as escrituras sagradas servem tão somente para entoar tais rituais que barganham por uma entrada no céu. (2.42)

Eles estão dominados por seus desejos materiais, mas consideram a obtenção de uma vaga no céu o maior objetivo de suas vidas, já que para eles o céu nada mais é do que um lugar de prazeres. Eles jamais alcançaram à altura de onde se percebe a unicidade de todos os seres.

Eles inventam inúmeros ritos e cerimônias que prometem muitas alegrias e grande prosperidade, usam de linguagem floreada por não saber do que falam... Tudo em vão: o renascimento neste mundo é o único resultado possível de suas ações. (2.43)

A determinação inabalável da autorrealização não é formada pelas mentes atraídas pelo poder e pelo deleite dos prazeres materiais, tampouco por aqueles cujo julgamento está obscurecido pela pompa dos rituais. (2.44)

Uma parte dos *Vedas* trata de três qualidades da natureza material – o julgamento moral, a paixão e a ignorância – e nos instrui a nos elevarmos acima delas. Para tal, devemos nos libertar dos pares de opostos, procurarmos estar sempre tranquilos e serenos, e ignorar os pensamentos de aquisição e preservação dos bens materiais.

Somente através desta elevação é que poderemos tomar consciência de quem somos realmente, ó Arjuna. (2.45)

Para o ser auto–realizado, os *Vedas* são tão úteis quanto um pequeno balde d'água, quando já tem a sua disposição toda a água de um imenso lago. [13] (2.46)

Você tem o controle tão somente da vontade em realizar o seu dever, mas não tem direito ou garantia dos resultados de sua obra. Dessa forma, você não deve nunca estar inativo, e jamais basear a sua motivação nos frutos do seu trabalho, apenas na alegria de cumprir o seu dever. (**2.47★**)

Realize a sua obra com o máximo das suas habilidades, ó Arjuna, com sua mente sempre em conexão com o Espírito eterno. Abandone as preocupações e os apegos egoístas aos resultados do seu trabalho, e trafegue com a mesma calma e serenidade pelo sucesso e o fracasso.

O serviço altruísta é uma prática da yoga que traz paz e tranquilidade para a mente. (**2.48★**)

Todo o trabalho realizado por motivos egoístas será sempre muito inferior ao serviço altruísta. Assim sendo, seja um obreiro que pensa antes no bem do mundo do que em si próprio, ó Arjuna.

Aqueles que trabalham exclusivamente com os frutos de suas obras em mente são invariavelmente infelizes, pois não é dado ao homem ter o controle total sobre os resultados de seu trabalho. (2.49)

Um yogi, ou uma pessoa altruísta, é capaz de se elevar acima tanto dos resultados bons quanto dos maus, ainda nesta vida. Dessa forma, ó príncipe, se empenhe em realizar o serviço altruísta.

O ato de trabalhar ao máximo das próprias habilidades sem se apegar de forma egoísta aos frutos do próprio trabalho é o que chamamos de Karma–Yoga ou *Seva*. (**2.50★**)

Os yogis que praticam o Karma—Yoga se tornam libertos das amarras do renascimento ao renunciarem aos frutos de todo e qualquer trabalho, e atingem o bem—aventurado estado da mente salva de toda e qualquer aflição, o Nirvana. (2.51)

Quando sua razão perfurar por completo o véu da ilusão, quando o mero intelecto ascender à inteligência que vê as coisas do alto, então você se tornará indiferente ao que já foi dito e ainda está para ser dito acerca das escrituras sagradas, ó Arjuna. (2.52)

Quando o seu intelecto, que ainda permanece confuso e preso às opiniões conflitantes, as doutrinas e aos ritos dos *Vedas*, se concentrar de forma firme e estável no Espírito eterno, então você encontrará sua própria essência, e permanecerá em harmonia com ela e com o mundo inteiro. (2.53)

Tendo ouvido tudo isso, Arjuna disse:
Ó Krishna, quais são as características de uma pessoa iluminada, cuja mente permanece estável? O que ela pensa, e sobre o que conversa? Como uma pessoa assim se comporta com os demais, como é capaz de viver neste mundo? (2.54)

Características de uma pessoa auto—realizada

Lorde Krishna disse: Quando uma pessoa se vê completamente livre de todos os desejos da mente e se encontra conectada ao Espírito eterno, compactuando da sua alegria, então esta é uma pessoa iluminada, ó Arjuna. (2.55)

Uma pessoa cuja mente permanece imperturbável ante a tristeza, que já não deseja os prazeres do mundo, e que é completamente livre dos apegos de todo tipo, do medo e da raiva, merece o título de sábio iluminado, embora ela mesma tampouco se apegue a tal título. (**2.56★**)

A mente e o intelecto de uma pessoa se tornam estáveis quando não estão apegadas a coisa alguma, quando não se exaltam ao conquistar os resultados desejados e não se perturbam com os resultados indesejados. (2.57)

Quando alguém consegue retrair completamente os seus sentidos dos objetos sensoriais, assim como uma tartaruga retrai suas patas e cabeça em seu casco quando necessita descansar, então a mente e o intelecto dessa pessoa são considerados estáveis. (2.58)

O desejo pelo prazer dos sentidos desvanece quando a mente se abstém dos objetos sensoriais. No entanto, parte deste desejo ainda perdura, de forma bastante sutil.
Tal desejo sutil só é vencido completamente quando conhecemos o Espírito eterno em nós mesmos. (2.59)

O perigo dos desejos não refreados

Os desejos não refreados, ó Arjuna, forçosamente arrastam a mente mesmo dos mais sábios, que buscavam a perfeição. (**2.60★**)

Após haver controlado nossos próprios sentidos, devemos então nos concentrar no Espírito eterno e contemplar o amor que permeia a tudo. Nosso intelecto e nossa mente se mantêm estáveis quando nossos sentidos estão assim, completamente domesticados. (**2.61★**)

Quem, ao contrário, não consegue manter sua mente desapegada dos objetos sensoriais, acaba sendo atraído e enlaçado nesta rede ilusória.

O desejo desenfreado pelos objetos sensoriais vem do apego que fugiu ao controle, e a raiva surge dos desejos não realizados. (**2.62★**)

As desilusões e as ideias radicais nascem da raiva. A mente é aturdida pela desilusão, e a razão é completamente perdida. Quando a razão se encontra perdida, o caminho até o Espírito não pode mais ser percebido, e todas as vias nos levam a andar em círculos. (2.63)

A conquista da paz e da felicidade através do conhecimento e do controle dos sentidos

Uma pessoa que disciplinou sua mente, e aproveita os objetos sensoriais com os sentidos domesticados e livres tanto do apego quanto da aversão, alcançou a tranquilidade. (2.64)

Todas as mágoas e tristezas desvanecem quando a tranquilidade é conquistada. O intelecto de uma pessoa assim, completamente em paz, se eleva à inteligência que vê as coisas do alto, e então se mantém estável e unificado ao Espírito eterno. (2.65)

Não há autoconhecimento pleno para aqueles que não se unificaram ao Espírito eterno. E sem autoconhecimento não há paz, e sem paz não é possível haver a verdadeira felicidade. (2.66)

Pois que a mente, quando controlada pelos sentidos itinerantes, arrasta o intelecto como uma tempestade que carrega um barco para longe do seu porto – a praia espiritual onde há paz e tranquilidade. (**2.67★**)

Assim sendo, ó Arjuna, nosso intelecto se torna estável quando nossos sentidos são domesticados, quando somos capazes de nos retrair completamente dos objetos sensoriais, por nossa própria vontade. (2.68)

Um yogi, uma pessoa que é soberana sobre seus próprios sentidos, permanece de pé quando é noite para os demais. E quando todos se encontram despertos, é noite para o yogi que vê com os olhos da alma. [14] (2.69)

Ó príncipe, nós conquistamos a paz quando nossa mente é capaz de dissipar nossos desejos sem criar qualquer perturbação, assim como quando um rio deságua calmamente no oceano, sem causar nenhum tumulto no espelho d'água, permitindo que ele reflita o céu.
Mas a mente daqueles que se apegam aos objetos sensoriais se assemelha a um mar tempestuoso, sempre os carregando para cá e para lá, sem descanso. (**2.70★**)

Aquela pessoa que abandona todos os desejos, e se torna livre de toda a ansiedade, já não pensa mais usando o conceito da palavra "meu". Assim, ela conquista a paz. (2.71)

Ó Arjuna, é esse o estado da mente superconsciente. Ao atingir tal estado, o ser se torna livre das desilusões.

E quem nele permanece até a hora da própria morte, alcança o Nirvana, e é encaminhado diretamente para a união com o Espírito eterno. (2.72)

CAPÍTULO III – O CAMINHO DO SERVIÇO

Arjuna perguntou: Se você considera a aquisição do conhecimento transcendental algo mais importante e essencial do que o trabalho, então por que me incita a combater nesta guerra horrenda, ó Krishna?

Você confunde minha mente com tais palavras em aparente conflito. Diga–me, de forma clara, qual é o caminho que me conduzirá ao Espírito e a conquista da paz e da tranquilidade? [15] (3.01−02)

Lorde Krishna disse: Como já foi dito no passado, neste mundo existem dois caminhos para o aprimoramento da disciplina espiritual. O caminho do autoconhecimento é moldado para os seres contemplativos, e o caminho do serviço altruísta (*Seva*) é a alternativa para todos os demais. (**3.03★**)

Alguém não se torna livre das amarras do karma apenas por se abster do trabalho e da ação. Ninguém é capaz de atingir a perfeição somente por desistir do trabalho, pois que não há ninguém que consiga permanecer absolutamente inativo, nem por um momento sequer.

Todos são levados à ação pelas forças da natureza, e não há o que se possa fazer para fugir desta lei. (3.05−05)

Qualquer um que se isola do mundo na tentativa de restringir seus sentidos, mas que em sua mente continua apegado aos objetos sensoriais, é chamado de hipócrita. (3.06)

Por que devemos servir aos outros?

Já aquele que controla seus sentidos pela domesticação dos pensamentos, mantém sua mente e seu intelecto purificados no constante contato com o Espírito, e pratica o serviço altruísta para com todos os demais, este é chamado de sábio. **(3.07★)**

Cumpre o seu dever neste mundo, ó príncipe, pois o trabalho é melhor do que a ociosidade inútil. De fato, até mesmo a manutenção da saúde do seu próprio corpo já não seria possível sem o trabalho. (3.08)

E qualquer trabalho realizado fora da esfera do serviço altruísta (*Seva*) aprisiona os seres humanos. Dessa forma, tornando-se livre do apego egoísta aos frutos de suas ações, realiza o seu dever com toda a eficiência, como um serviço que presta ao Espírito. Pois que, afinal, Ele também está em você. **(3.09★)**

"Ajudar ao próximo" é o primeiro conselho do Criador

Segundo as antigas doutrinas, o Criador gerou os seres humanos através de um gesto amoroso, e em seguida lhes aconselhou com muita sabedoria:

Ao servir e ajudar seus irmãos e irmãs, todos irão prosperar juntos. O serviço altruísta preencherá todos os seus desejos. (3.10)

Assim, ó Arjuna, nutra a fonte celestial com o serviço altruísta, e as suas águas jamais deixarão de aplacar sua sede. Nutrindo e sendo nutrido, nessa troca incessante, você acabará conquistando o seu grande objetivo. (3.11)

A fonte celestial, quando nutrida pelo serviço altruísta, deixa jorrar todo o alimento (espiritual) de que os seres necessitam. Aquele, porém, que se nutre dessa fonte sem compartilhar sua água com os demais é, de fato, um ladrão. (3.12)

Os sábios que só se alimentam após haver nutrido seus irmãos e irmãs se tornam libertos do pecado. Mas o glutão que cozinha somente para si mesmo, sem antes oferecer aos demais, em verdade se alimenta do próprio pecado. (3.13)

Todas as criaturas necessitam do alimento para manterem-se vivas. Todo o alimento cresce do solo, com a ajuda do serviço dos lavradores, do sol e das chuvas. O sol ilumina todos os dias, as chuvas são enviadas pela natureza, e o serviço altruísta dos lavradores foi recomendado pelas antigas doutrinas sagradas.

Dessa forma, toda a ação e toda a vida têm sua origem no Espírito eterno, que a tudo penetra e a tudo mantém. Tudo gira em torno do serviço altruísta dos lavradores e da própria natureza. (3.14−15)

Aquele que se abstém de ajudar no giro desta roda da natureza através do serviço altruísta (*Seva*), e se deleita somente com seus próprios prazeres egoístas, este em verdade vive em vão. (**3.16★**)

Já aquele que se deleita ao contato com o Espírito, e que nutre todos os seus desejos através de tal contemplação, para este ser auto-realizado nenhum trabalho e nenhuma ação são um sacrifício.

Tal ser vive elevado acima do mundo, e não tem nenhum interesse pelo que acontece ou deixa de acontecer de corriqueiro. Ele não depende de ninguém para nada, pois já é nutrido, em sua unificação com o Espírito eterno, pela própria fonte celestial. (3.17-18)

Os líderes devem dar o exemplo

Cumpra o que lhe é dado cumprir neste mundo sem nenhum apego aos resultados, pois ao realizarmos o serviço altruísta sem apego aos frutos de nosso próprio trabalho, vivemos unificados ao Espírito eterno. (**3.19★**)

O Rei Janaka [16] e muitos outros alcançaram o estado de perfeição e autorrealização inteiramente através da prática do serviço altruísta (*Seva*). Você deve fazer como eles, ó príncipe, e cumprir o seu dever de guiar as pessoas à sabedoria, para o bem estar geral da sociedade. (**3.20★**)

Pois para onde quer que os homens nobres se encaminhem, os demais os seguirão de bom grado. É pelo exemplo dos grandes líderes que a sociedade avança. (3.21)

Ó Arjuna, não há nada dentre os três mundos – o céu, a terra e as regiões inferiores – que eu deseje ou tema, assim como não há nada por ser conquistado que eu já não tenha conquistado. E, contudo, eu permaneço em ação, incessantemente. (3.22)

Pois as pessoas sempre seguem o meu exemplo, ó Arjuna, e assim, se eu deixasse de agir por um só momento, tais mundos cairiam em ruína. Se eu me abstivesse de agir, logo reinaria a confusão por todos os reinos, e a humanidade seria destruída. (3.23−24)

Como os sábios devem tratar os ignorantes

Conforme os ignorantes agem sempre com os frutos do seu trabalho em mente, os sábios devem seguir na outra direção, e agir sem apego aos resultados, visando o bem estar geral da sociedade. (3.25)

Mas não cabe aos sábios perturbar a mente dos ignorantes e inexperientes no caminho. Não é pelo sermão que os sábios os iluminarão, mas pelo exemplo: cabe aos sábios inspirar aos demais pelo cumprimento do seu dever neste mundo da forma mais eficiente possível, sem apego aos resultados. (**3.26★**)

Todas as ações são ações da natureza

Todas as ações provêm das forças da natureza, pois todos pertencemos a ela. Mas devido a ilusão da ignorância, há muitos que creem que as suas ações se originam somente neles. (**3.27★**)

Aquele, no entanto, que conhece a verdade acerca das forças da natureza, e de como cada ação é engendrada desde a origem, deixa de se preocupar tanto com a assinatura quanto com os resultados de suas ações.

Tal pessoa sabe que as forças da natureza tão somente se utilizam de nossos organismos como instrumentos para a realização de suas próprias obras. (3.28)

Aqueles ainda iludidos, ainda inexperientes no caminho, se tornam apegados às ações da natureza, e muitas vezes creem serem eles próprios os autores. Não cabe ao sábio perturbar suas mentes com doutrinas que eles ainda não são plenamente capazes de compreender. (3.29)

Ó Arjuna, dedica todas as suas ações ao Espírito eterno, e mantém sua mente livre dos desejos, dos apegos e das angústias. (**3.30★**)

Aqueles que praticam meus ensinamentos − com fé e sinceridade − se tornam livres das amarras do karma. Mas aqueles que os criticam e inventam mil formas de evitá−los, esses podem ser considerados insensíveis, ignorantes e sem direção. (3.31−32)

Todos os seres seguem conforme o estágio atual de sua natureza interior. Até mesmo os sábios estão a agir conforme o estado atual de seu próprio coração. Assim, nada na natureza está parado. (3.33)

Dois grandes obstáculos no caminho para a perfeição

Os objetos sensoriais atraem ou repelem nossos corações, pois nossos sentidos estão lidando constantemente com eles. Mas não devemos ser controlados pela afeição ou pela rejeição, pois tais são os dois grandes obstáculos entre nós e a autorrealização. (**3.34★**)

Finalmente, ó príncipe, lembra que é muito melhor cumprir nosso próprio dever neste mundo, ainda que seja aparentemente humilde e insignificante, do que desejar cumprir o dever de alguém mais, por mais que ele nos pareça nobre e grandioso.

É melhor dedicar a própria vida ao dever que lhe cabe realizar, seja ele qual for, do que atrair grande angústia para si, na vã tentativa de realizar tarefas que a natureza não lhe delegou. (3.35)

A luxúria é a origem do pecado

Arjuna disse: Ó Krishna, então me diga qual é essa força misteriosa que impele os seres a praticar o mal, até mesmo contra a própria vontade? (3.36)

Lorde Krishna disse: É a luxúria nascida das paixões que se torna raiva quando não é saciada. Em verdade, a luxúria é um grande demônio, já que nunca pode ser plenamente saciada. É ela o nosso grande inimigo. (**3.37★**)

Assim como a chama é envolvida pela fumaça, e um espelho pela poeira, e assim como uma criança prestes a nascer ainda é envolvida pelo útero, da mesma forma, o autoconhecimento e a autorrealização são cobertos por inúmeros véus de luxúria insaciável.

Tal é o inimigo eterno dos sábios. (**3.38−39★**)

A luxúria tem grande sede, e ao se saciar através dos sentidos e da mente, confunde nossa alma, e obscurece o caminho do autoconhecimento. (**3.40★**)

Dessa forma, ó Arjuna, se dedica a domesticar seus próprios sentidos, e assim destrói este vil demônio, antes que ele arruíne sua alma. (3.41)

Dizem que os sentidos são superiores ao corpo, mas a mente é certamente ainda mais poderosa, e aliada ao intelecto ela é capaz de ascender à inteligência que vê as coisas do alto.

Tal inteligência é capaz de alcançar o conhecimento transcendental, que lhe é superior. Mas há algo ainda maior do que todos estes: o Eu Real, nossa essência unificada ao Espírito eterno. [17] (3.42)

Assim, reconhecendo o Eu Real como superior ao intelecto, e controlando a mente através do intelecto purificado pelas práticas espirituais, devemos domesticar o desejo, nos tornando seu senhor, e não seu escravo.

É dessa forma que vencemos, enfim, nosso grande inimigo, ó Arjuna. (**3.43★**)

CAPÍTULO IV – O CAMINHO DA RENÚNCIA COM CONHECIMENTO

Lorde Krishna prosseguiu: Eu ensinei a Karma–Yoga, a ciência eterna da unificação com o Espírito, a Vivasvat. Coube a Vivasvat transmiti–la para Manu, e a Manu, ensina–la a Ikshvaku, o fundador da dinastia dos reis sábios, chamados Rishis. [18]

Após uma longa sucessão de reis, no entanto, esta ciência acabou perdendo o seu sentido espiritual, e apenas a letra das doutrinas foi passada adiante.

Hoje, ó príncipe, eu lhe descrevo novamente esta mesma ciência ancestral, em toda a sua essência mais profunda e verdadeira, pois você é meu amigo e um devoto sincero. (4.01–03)

Arjuna disse: Ora Krishna, você é bem mais velho que eu, mas Vivasvat nasceu no princípio do mundo. Como é possível que você o tenha ensinado, ainda nos primórdios do tempo? (4.04)

O propósito da encarnação divina

Lorde Krishna disse: Eu e você temos renascido muitas e muitas vezes, ó Arjuna. A diferença é que eu sou consciente de todos os meus renascimentos, enquanto você os esqueceu. (4.05)

Escuta este mistério: Embora eu seja eterno, imutável, e senhor de todos os seres, eu também posso me manifestar no mundo material através da manipulação das energias naturais que, afinal, emanam de mim mesmo. (4.06)

Ó Arjuna, sempre que há um declínio da virtude (*dharma*), e uma ameaça da predominância do vício (*adharma*), eu volto a me manifestar.

Assim é que apareço e reapareço neste mundo, de tempos em tempos, para proteger a virtude, restabelecer aqueles que caíram no vício, e assegurar que os seres continuem caminhando à frente. (**4.07−08★**)

Quem me reconhece em minha encarnação pelo que sou, quem compreende minha essência transcendental, quem trilha o caminho da Karma−Yoga, já não tem necessidade de renascer neste mundo, e ao partir dele se encaminha diretamente para o meu reino. (4.09)

Há muitos que se tornaram livres do apego, do medo, da paixão e da raiva, e tomaram refúgio em mim. Eles foram abarcados pelos meus pensamentos e purificados pelo fogo do autoconhecimento. Eles se unificaram a mim, ó Arjuna, e assim se tornaram cocriadores nesta Criação. (4.10)

O caminho da devoção

Seja qual for o caminho e o motivo pelo qual as pessoas me buscam, eu as auxilio na medida de sua devoção. Há diversos caminhos que levam até mim, e embora cada doutrina fale sobre o seu próprio caminho, eu estou presente em cada passo dado com devoção. (4.11)

Aqueles que anseiam pelo sucesso de suas ações neste mundo são devotos dos agentes celestiais, e estes, através da minha vontade, também os auxiliam. (4.12)

A divisão do trabalho se baseia nos dons de cada um

Eu criei as quatro castas da sociedade humana [19] com base na aptidão e na vocação de cada um. Apesar de eu ser o autor de tal sistema, é preciso considerar que eu nada realizo diretamente no mundo, pois sou imutável e eterno. (**4.13★**)

As ações jamais me prendem, e eu nunca me angustio imaginando seus resultados, pois sou inteiramente indiferente aos frutos de qualquer trabalho. A natureza é como é, e tudo decorre das relações de ação e reação neste mundo.

Aquele que verdadeiramente compreende e pratica tal verdade é, como eu, livre das amarras do karma. (4.14)

Os sábios antigos conheceram tal verdade, e aqueles que agiram sem se preocupar com os frutos das suas ações, alcançaram a liberdade. Assim, ó príncipe, você deve cumprir o seu dever e agir a maneira de tais sábios. (4.15)

Ação, inação, e má ação

Até mesmo os sábios têm dificuldades em compreender o que é a ação e o que é a inação. Dessa forma, devo lhe expor claramente o assunto, e se for capaz de me compreender, você também poderá se libertar da morte e dos sucessivos renascimentos neste mundo. (4.16)

A verdadeira natureza da ação é realmente algo difícil de compreender. Para tal, devemos conhecer os conceitos de ação, de inação e de má ação. (4.17)

Um yogi não está mais sujeito as leis do karma

Aquele que vê a inação na ação, e a ação na inação, é uma pessoa sábia. Tal pessoa é um yogi cujas ações estão sempre em harmonia com a natureza. (**4.18★**)

A uma pessoa cuja vontade de agir se tornara inteiramente livre do ego, após haver sido purificada pelo fogo do autoconhecimento, damos o nome de sábio. (4.19)

Aquele que abandonou os laços egoístas com os frutos de seu próprio trabalho, e se mantém sempre firme e contente, unificado ao Espírito eterno, tal pessoa, ainda que pratique ações no decorrer do restante da sua vida, em verdade não age por si, pois é um instrumento da natureza.

Tal ser se torna livre das amarras do karma. O ciclo de ação e reação da natureza já não o afeta, pois ele é também um cocriador nesta Criação. (**4.20★**)

Livre dos desejos, com a mente e os sentidos domesticados pela própria alma, tal ser renuncia à propriedade de todos os bens do mundo, pois reconhece o seu verdadeiro dono. (4.21)

Um yogi, que se contenta com quaisquer resultados advindos das suas ações harmônicas, que já não é afetado pelos pares de opostos, e que se comporta da mesma forma tanto no sucesso quanto no fracasso, já não se encontra mais sujeito as leis do karma. (4.22)

Um yogi, livre dos medos e apegos, cuja mente caminha sempre em direção ao autoconhecimento, e cujas ações são sempre realizadas como um serviço ao Espírito eterno, vê as amarras do karma se dissolverem no ar. (4.23)

Em verdade o Espírito se realiza através daquele ser que vê em tudo a sua manifestação, a sua ação na inação, a sua inação na ação, e o seu amor eterno. (**4.24***)

As diversas práticas espirituais

Alguns yogis praticam a devoção aos agentes celestiais, enquanto outros estudam as escrituras antigas em busca de autoconhecimento. Alguns domesticam seus sentidos, enquanto outros preferem renunciar aos prazeres do mundo. Alguns praticam exercícios de respiração e meditação, enquanto outros se dedicam inteiramente a caridade. (4.25 − 28)

Aqueles que se dedicam as práticas de respiração alcançam um estado de harmonia completa ao ofertarem a inspiração a expiração, e a expiração a inspiração, como oferendas sagradas, uma a outra. (4.29)

Outros restringem suas dietas e praticam longos jejuns. E ainda há aqueles que vivem inteiramente na vida espiritual, se abstendo de suas vidas mundanas.

Todos esses, ó príncipe, ofertam suas oferendas e sacrifícios ao céu, e são purificados por tais práticas. (4.30)

Aqueles que se dedicam ao serviço altruísta obtém o néctar do autoconhecimento como prêmio por sua dedicação, por sua busca pela unificação ao Espírito eterno.

Ó Arjuna, se este mundo não é um local de felicidade para aqueles que nada ofertam ao céu, como podem esperar que o outro mundo seja melhor? (**4.31★**)

Há muitos tipos de práticas espirituais descritas nos *Vedas*. Saiba que todas elas nada mais são do que a ação do corpo, da mente e dos sentidos solicitada pelas forças da natureza.

Ao compreender como tudo gira pela ação da natureza, alguém se torna apto a alcançar o Nirvana. (4.32)

A aquisição de conhecimento transcendental é a maior das práticas espirituais

A aquisição de conhecimento transcendental é a maior das oferendas que podemos fazer ao céu, pois a purificação da mente e do intelecto, que eventualmente nos encaminha para a aurora do conhecimento do Espírito, é o coroamento e o sentido mais profundo de todas as ações espirituais. [20] (**4.33★**)

Com humilde reverência, vontade sincera e a prática do serviço altruísta, ó príncipe, o buscador será identificado pelos sábios que já se unificaram ao Espírito, e eles o ensinarão e o auxiliarão no seu caminho. (**4.34★**)

Após conhecer tal ciência transcendente, ó Arjuna, você jamais tornará a cair nesta ilusão. Livre das confusões, dos equívocos e das dúvidas que se interpõe ao caminho, você finalmente verá que tudo o que há forma uma só vida, um único ser, um Espírito que está em mim e também em você, embora ainda não o possa ver. (4.35)

Ainda que alguém seja o maior dos pecadores, mesmo ele poderá atravessar todo o mar dos pecados utilizando tão somente a jangada do autoconhecimento. (4.36)

Ó Arjuna, assim como a chama reduz a lenha a cinzas, e o vento as dissipa no ar, da mesma forma o fogo do autoconhecimento queima todas as amarras do karma, que desvanecem com as brisas. (**4.37★**)

O conhecimento transcendental surge naturalmente da prática da Karma—Yoga

Em verdade não há chama purificadora no mundo que se equipare ao conhecimento do Espírito eterno. Podemos reconhecer este fogo em nosso próprio interior, de forma natural, após nos dedicarmos algum tempo à erradicação de nosso egoísmo, através da prática da Karma—Yoga. (**4.38★**)

Aquele que mantém sua fé nos alicerces do Espírito, que é sincero em suas práticas espirituais, e que é capaz de domesticar sua mente e seus sentidos, adquire o conhecimento transcendental.
Ó príncipe, após haver chegado a tal conhecimento, não tarda a conquista da paz e da liberdade supremas. (4.39)

Os irracionais e os de pouca ou nenhuma fé se exaurem antes mesmo de haver encontrado o início da trilha que conduz a esta paz. Assim, descrentes de tudo, eles não são capazes de alcançar a felicidade, tampouco a paz, nem neste mundo nem nos demais. [21] (4.40)

Tanto o conhecimento transcendental quanto o Karma—
Yoga são necessários para o Nirvana

Ao praticarmos a Karma—Yoga e renunciarmos aos frutos de nosso trabalho, nos tornamos livres das amarras do karma. Ao nos dedicarmos com sinceridade ao autoconhecimento, nossa confusão e nossa inquietação desvanecem ao contato com o Espírito. (4.41)

Assim, ó Arjuna, levanta e empunha a espada do autoconhecimento, e com ela corta todas as amarras que ainda lhe atam a ignorância e a angústia.

Segura esta espada firme nas mãos, e se prepara para a guerra! (4.42)

CAPÍTULO V – O CAMINHO DA RENÚNCIA

Arjuna perguntou: Ó Krishna, você exalta o caminho do conhecimento transcendental, assim como o caminho do serviço altruísta (Karma–Yoga). Pois me diga, afinal, qual deles é o melhor? (5.01)

Lorde Krishna disse: Ambos os caminhos conduzem ao alvo supremo. No entanto, o caminho do serviço altruísta é preferível ao do conhecimento, pois é mais simples se aproximar do alvo pela prática da ação do que pela prática da observação. (5.02)

Mas, para que não caia em confusão, atente para o uso de tais termos. O verdadeiro serviço altruísta é aquele que é praticado sem nenhum apego, e também nenhuma aversão, tanto para com a ação em si quanto para com seus resultados futuros.
Quem age conforme sua alma e sua intuição lhe insinuam, sem paixão nem raiva, facilmente se vê liberto das amarras do karma. (5.03)

Ambos os caminhos conduzem ao alvo supremo

Os ignorantes e inexperientes no caminho consideram o caminho do autoconhecimento e o caminho do serviço altruísta como muito diversos um do outro.
Mas aquele que pratica verdadeiramente um deles, acaba por conquistar os benefícios de ambos. (**5.04★**)

Aquele que pratica a renúncia dos frutos de seu trabalho acaba por atingir o mesmo alvo daquele que se dedica ao Karma−Yoga. Dessa forma, eles terminam por compreender, finalmente, que o caminho da renúncia e o caminho da prática são em essência o mesmo. (**5.05★**)

No entanto, a arte da verdadeira renúncia é algo difícil de se conquistar sem a prática da Karma−Yoga. Ó Arjuna, os sábios que se dedicam a harmonizar os dois caminhos, o da ação e o da renúncia, alcançam o Nirvana muito mais cedo que os demais. (**5.06★**)

Um yogi cuja mente é pura, cujos sentidos se encontram sob controle, e que percebe o mesmo Espírito habitando todos os seres, vive unificado à natureza, se dedica com afinco as suas obras, mas se encontra livre de todo o apego aos seus resultados.
Este ser vive assim, liberto das amarras do karma. (5.07)

O sábio que conhece a verdade pensa: "Em realidade não é de mim que parte tal ação".
Ao observar, ouvir, tocar com as mãos, cheirar, saborear, andar, dormir, respirar, falar, ganhar ou perder, ou mesmo abrir e fechar as pálpebras dos olhos, o sábio percebe que tudo o que se passa é apenas a mera interação de seus sentidos com os objetos sensoriais. (5.08−09)

Os yogis servem ao Espírito eterno

Aquele que realiza todas as suas ações como uma oferenda ao Espírito eterno − abandonando os apegos egoístas aos resultados − permanece intocado pelas forças do karma, assim como a flor de lótus que continua pura mesmo em meio ao charco mais sujo. (**5.10★**)

Tais yogis realizam suas ações – seja com o corpo, a mente, o intelecto ou os sentidos – com o único intuito de se purificarem dos apegos e dos temores do ego. (5.11)

O praticante da Karma–Yoga alcança a paz, a alegria e a tranquilidade supremas ao abandonar definitivamente o apego aos resultados de seu trabalho.
Os demais permanecem atados ao ego e as forças do karma. (**5.12★**)

O caminho do conhecimento

Aquele que renunciou por completo aos frutos de suas ações, habita em contentamento perene a Cidadela dos Nove Portais (o corpo) [22], sem o desejo de dirigir suas ações e sem se afligir com os seus resultados, na mais profunda tranquilidade. (5.13)

O Espírito não engendra nem a urgência pela ação, nem o sentimento de sua execução, nem o apego aos seus resultados. Tudo isso cabe aos poderes da natureza material, que seduzem os sentidos. (5.14)

O Espírito não se responsabiliza nem interfere nas boas e más ações de ninguém. O véu da ignorância cobre a luz do autoconhecimento: é assim que as pessoas se iludem e praticam más ações. (5.15)

O conhecimento transcendental destrói a ignorância e revela o Espírito eterno, assim como a luz do sol revela a beleza espalhada pela natureza. (5.16)

Aquele cuja mente e intelecto estão totalmente imergidos no Espírito eterno, que dedica sua vida, com sinceridade, a natureza, que tem na divindade o seu alvo supremo, o seu único refúgio, e cujas impurezas da alma são destruídas pelo conhecimento de sua própria essência divina, este não tem mais necessidade de renascer neste mundo. (**5.17★**)

Outros atributos de uma pessoa iluminada

Uma pessoa iluminada, ou seja, aquela que percebe a divindade preenchendo a tudo, observa um sacerdote, uma pessoa erudita, um nobre e um mendigo, ou mesmo uma vaca, um elefante e um cachorro, com o mesmo olhar. (**5.18★**)

Para o Espírito, tudo existe em perfeita harmonia e equanimidade. Aquele que percebe tal harmonia e equanimidade em tudo, já vive unificado ao eterno. (5.19)

Aquele que não se deixa arrebatar pela alegria nos momentos de prazer, nem pelo desânimo nos momentos de má sorte, e que mantém a mente sempre firme em sua navegação, este venceu a ilusão, e é capaz de contemplar toda a imensidão do oceano divino. (5.20)

Tal ser, unificado ao Espírito eterno, se torna totalmente desapegado dos prazeres e desprazeres sensoriais.

Ao finalmente descobrir o contentamento perene pela contemplação de sua própria essência, encontra a fonte da verdadeira felicidade. (**5.21★**)

De fato, ó príncipe, os prazeres nascidos dos sentidos externos são uma fonte de miséria, e possuem sempre um início e um final. Dessa forma, o sábio busca unicamente pela tranquilidade duradoura. (5.22)

Aquele que, antes de haver alcançado o final da vida, foi capaz de resistir aos impulsos dos desejos e da ira, é uma pessoa iluminada, um yogi. (5.23)

Aquele que encontra o céu em si mesmo, e vive unificado ao Espírito eterno, conquista a iluminação do autoconhecimento.
Este ser é um yogi que atingiu o Nirvana; e através dele, muitas vezes, o Espírito age neste mundo. (5.24)

Os sábios que venceram seus pecados e domesticaram seus desejos, e se libertaram das ideias de dualismo através do autoconhecimento, compreendem enfim que toda a vida é uma só vida, e todos os seres emanam do Espírito.
Assim, unificados a eternidade, eles trabalham tão somente para o bem-estar e a melhoria da vizinhança. (5.25)

Aqueles que se libertaram da luxúria e da raiva, que conseguiram domesticar sua mente e seus sentidos, e que já vislumbraram a luz que emana da essência do ser, têm à sua frente um caminho livre e desimpedido para o Nirvana. (5.26)

O caminho contemplativo

Um sábio é verdadeiramente livre quando renuncia a todos os prazeres dos sentidos, e fixa o seu olhar somente no lado espiritual que preenche todas as coisas.

Sua respiração é harmônica e, através das técnicas da yoga, ele tem grande facilidade em manter sua mente e seus sentidos sob controle.

Assim, todo o seu pensamento paira em torno do Espírito eterno. Ele finalmente atinge um estado de tranquilidade plena: nada deseja ou receia; não nutre paixões nem ódios exacerbados; constrói para si um verdadeiro céu, ainda neste mundo. (5.27−28)

Ó Arjuna, tais homens e mulheres me conhecem como eu sou, e dedicam a mim todos os seus sacrifícios. Pois eu e o Espírito somos como um. E, assim sendo, eu sou aquele que habita a eternidade, o senhor de todo o universo, o grande amante de todos os seres. (5.29)

CAPÍTULO VI – O CAMINHO DA MEDITAÇÃO

Lorde Krishna disse: Aquele que cumpre o seu dever sem se preocupar com os frutos de suas ações é um yogi, um praticante da verdadeira renúncia.

Porém, alguém não se torna um renunciante apenas por se abster de acender o fogo; e da mesma forma, alguém não se torna um yogi somente pela renúncia a ação. (6.01)

Ó Arjuna, o caminho da verdadeira renúncia (*Samnyasa*) é o mesmo da prática do Karma–Yoga. Pois não há no mundo quem tenha se tornado um yogi sem haver renunciado aos motivos egoístas por trás de cada uma de suas ações. (6.02)

Uma definição da yoga

Dizem que a Karma–Yoga é o caminho para os sábios em busca da yoga da meditação e da tranquilidade da mente. Para aqueles que conquistaram tal caminho, a tranquilidade se torna um meio para a autorrealização.

Dizem que uma pessoa atingiu a perfeição na prática da yoga quando ela suprimiu e domesticou todos os prazeres sensuais e sensoriais, assim como o apego egoísta aos frutos de suas ações e de seu trabalho. (6.03–04★)

A mente é a melhor amiga e a pior inimiga

Cada um deve se elevar, e não se degradar, através de sua própria mente. Pois que a mente é, ao mesmo tempo, a melhor amiga e a pior inimiga: ela é amiga daqueles que exercem controle sobre ela, e inimiga daqueles incapazes de domesticá−la. (**6.05−06★**)

Aquele que domesticou o seu eu inferior, ou seja, a mente e os sentidos, permanece tranquilo ante o calor ou o frio, no prazer e na dor, na honra e na desonra, e se mantém sempre firme junto ao Espírito que também o habita. (6.07)

Uma pessoa é chamada yogi quando alcançou tanto o autoconhecimento quanto a autorrealização, e permanece sempre tranquila, no controle de sua mente e de seus sentidos.
Para ela, um pedaço de madeira, uma pedra e uma pepita de ouro são basicamente a mesma coisa. (6.08)

Uma pessoa é considerada superior quando tem uma conduta imparcial ante seus companheiros ou seus inimigos, ante seus familiares ou desconhecidos, compatriotas ou estrangeiros, santos ou pecadores.
O que a torna superior é o amor que nutre para com todos eles. (**6.09★**)

Técnicas de meditação

Um yogi, sentado só num local isolado, deve aquietar a mente e os sentidos, e tentar, constantemente, contemplar a presença do Espírito eterno dentro de si mesmo.

Assim ele eventualmente se tornará livre dos desejos e do conceito de propriedade. (6.10)

Ele deve buscar um local limpo, nem muito alto nem muito baixo, e coberto de relva. Ele deve se cobrir com um pano ou com o couro de um antílope [23].

Assim, sentado numa posição confortável, ele deve voltar sua mente para o Espírito, mantendo os pensamentos e os sentidos sob controle, e meditando em busca da autopurificação. (6.11−12)

Ele deve se manter sentado e com a coluna ereta, mantendo imóveis a sua cabeça e a sua nuca. Então, deve fixar o olhar da mente no eterno e no infinito, ignorando todo o mundo sensorial que o rodeia.

Assim, de ânimo tranquilo e sereno, livre do medo, inabalável em seu propósito, ele deve prosseguir pensando em mim, e se imergindo em mim. (6.13−14)

Ó príncipe, pela prática constante da meditação com o olhar da mente fixado no eterno, o yogi que domesticou e conquistou a própria mente finalmente atinge a paz do Nirvana, e se unifica a mim. (6.15)

Esta yoga não é possível, ó Arjuna, para aquele que come em demasia, ou para aquele que se abstém de comer; tampouco irá funcionar para aquele que dorme demais, ou para aquele que praticamente não dorme.

Esta yoga só é possível para os que evitam tais extremos e seguem o caminho do meio. (6.16)

Assim, a yoga da meditação faz desvanecer todo sofrimento daquele que age moderadamente quando se alimenta, quando se diverte, quando trabalha e quando dorme. (6.17)

Diz-se que uma pessoa conquistou as técnicas da yoga, a união com o Espírito, quando sua mente se tornou perfeitamente disciplinada, livre de todos os desejos, efetivamente unificada. (6.18)

A sua mente se tornou firme e estável, como a chama de uma lamparina acomodada num local protegido do vento. Foi focando seus pensamentos no Espírito eterno que ela encontrou abrigo da ventania dos desejos. (6.19)

Quando a mente disciplinada pela prática da meditação se torna firme, a alma encontra todo seu contentamento em contemplar o Espírito eterno com o intelecto elevado e purificado. (6.20)

Através do intelecto que se eleva à inteligência que vê todas as coisas do alto, a alma sente uma alegria perene, algo que os sentidos jamais poderiam perceber.

Após ter contemplado a realidade eterna, a alma nunca mais se verá separada de tudo o que há. (6.21)

Assim, após haver alcançado a autorrealização, a alma saberá que não há no mundo inteiro prêmio que lhe seja superior. Ancorada na autorrealização, a alma vive inabalável até mesmo pelas maiores calamidades. (6.22)

Tal estado de ausência completa de sofrimento é alcançado através da yoga. A yoga deve ser praticada, ao mesmo tempo, com firme determinação e com um estado de espírito alegre. (6.23)

Alguém pode alcançar gradualmente um estado de tranquilidade da mente ao abandonar completamente todos os desejos egoístas, domesticar os próprios sentidos, e manter a mente imersa no Espírito, com o intelecto elevado e purificado. (6.24−25)

Sempre que a mente agitada e inquieta se por a vaguear dispersa, para cá e para lá, o yogi deve convidá−la, gentilmente porém com firmeza, para que volte a contemplar o reflexo do Espírito. (**6.26★**)

O melhor yogi

Uma alegria perene preenche a alma do yogi auto−realizado, de mente sempre tranquila, que mantém seus desejos inteiramente sob controle. (6.27)

Tal yogi vive sem pecados, pois mantém sua mente e intelecto imergidos no Espírito, e tira toda a satisfação de sua vida desta experiência de unificação com o eterno. (6.28)

Um yogi, que vive unificado ao Espírito eterno, contempla a tudo o que há com o mesmo olhar, pois é capaz de perceber o Espírito preenchendo todas as coisas, e todas as coisas sendo preenchidas pelo Espírito. (**6.29★**)

Aqueles que me percebem em tudo, e contemplam a tudo em mim, não estão separados de mim, e eu não estou separado deles. (**6.30★**)

Os não–dualistas, que me percebem habitando a essência de todos os seres, sabem que também vivem em mim, independente do seu estilo de vida. (6.31)

É considerado o melhor yogi aquele que considera a todos os seres como a si mesmo, e que sente as dores e as alegrias dos demais como as suas próprias, ó Arjuna. (**6.32★**)

A mente e o vento

Arjuna disse: Ó Krishna, você me disse que a yoga da meditação ocorre através de uma mente tranquila, mas devido a inquietação de minha mente eu não consigo perceber este estado de tranquilidade de que fala...

Pois que a mente é, de fato, inquieta, turbulenta, agitada e poderosamente obstinada em resistir a nossa vontade. Ó Krishna, eu acredito que acalmar e tranquilizar a mente é algo tão difícil quanto domar o próprio vento. (6.33–34)

Lorde Krishna disse: Sem dúvida, ó Arjuna, o vento é irrequieto e difícil de domar, assim como a mente. No entanto, quem fortaleceu sua própria vontade por meio de vigorosas práticas espirituais – como a meditação – pode um dia se tornar o senhor de sua casa, o senhor da própria mente. (**6.35★**)

Na minha opinião, a prática da yoga é algo muito difícil para aquele que ainda não domesticou sua própria mente. Entretanto, para aquele que domou sua mente, a yoga se torna um caminho acessível e muito proveitoso. (6.36)

O destino do yogi não realizado

Arjuna disse: E qual é a sorte daquele yogi que, apesar de toda a fé, falha em suas práticas na yoga devido a sua mente indomável e indisciplinada?

Qual é o destino de tal yogi, ó Krishna? (6.37)

Ó Krishna, você já não viu uma nuvem desvanecendo com os ventos? Seria o pobre yogi reduzido a nada, repelido tanto deste mundo quanto dos mundos celestes? Teria ele se perdido para sempre do caminho da autorrealização? (6.38)

Ó Krishna, somente você pode dissipar tal dúvida, somente você pode remediar esta minha aflição íntima! (6.39)

Lorde Krishna disse: Se acalma, ó príncipe, pois que não há aniquilação, nem neste mundo nem nos próximos.

Aquele que possui conhecimento transcendental jamais poderá ser vencido por esta angústia perante o destino, meu caro amigo. (6.40)

O yogi que ainda não alcançou a completa autorrealização renasce na casa celestial dos justos, e ali continua seu aprendizado por anos e anos...

Então, ele eventualmente retorna a este mundo, por vezes no seio de uma família em adiantada compreensão espiritual. No entanto, por serem tão raras tais famílias, um renascimento como este é, de fato, algo muito difícil de se obter. (6.41−42)

Seja como for, em sua nova vida, ele eventualmente relembra os conhecimentos transcendentais adquiridos na vida anterior, e assim estará apto a prosseguir em seu longo caminho para a autorrealização, ó Arjuna. (6.43)

O yogi ainda não realizado é, de um jeito ou de outro, levado novamente ao caminho de unificação com o Espírito, ainda que inconscientemente.

Suas experiências em vidas anteriores se tornam instintos e intuições, e ele é naturalmente atraído para a espiritualidade, vida após vida...

Mesmo que houvesse apenas desejado praticar a yoga, ainda recupera este desejo; e mesmo quem está no início deste caminho, ainda assim se encontra mais próximo do Espírito do que aqueles que se limitam a praticar rituais de devoção externa. (**6.44★**)

O yogi que continua a se esforçar, vida após vida, vai gradualmente se purificando de todas as suas imperfeições interiores, até finalmente se tornar mais um habitante dos mundos celestes. (6.45)

Um conselho

O yogi que é diligente na prática da meditação, e que vive neste mundo sem abandonar o caminho da autorrealização, é superior ao asceta que crê obter algum mérito especial pelo seu isolamento.

Tal yogi é, da mesma forma, superior aos eruditos nos *Vedas* e aos especialistas em rituais, que praticam suas boas obras sempre com o desejo de serem recompensados pelos céus.

Assim sendo, ó príncipe, siga o meu conselho, e seja um yogi, pleno de fé e bondade! (6.46)

De todos os yogis, ó Arjuna, eu considero com carinho especial aqueles que vivem suas vidas imersos em mim, pois com o mesmo amor que eles se dedicam a mim, eu também me dedico a eles. (**6.47**★)

CAPÍTULO VII – AUTOCONHECIMENTO E ILUMINAÇÃO

Lorde Krishna disse: Ó Arjuna, escuta com atenção como você poderá me conhecer como realmente sou, sem dúvidas nem angústias.

Imerge sua mente em mim, toma o seu refúgio, e escuta com o coração... (7.01)

Eu irei lhe ensinar tanto o autoconhecimento quanto a iluminação, como caminhos enredados e indissolúveis. E, após haver compreendido, nada lhe restará de relevante para saber deste mundo. (7.02)

São poucos, pouquíssimos os seres que, em meio as grandes multidões, têm discernimento suficiente para buscarem a autorrealização.

E, mesmo entre esses poucos que iniciam o caminho, são ainda mais raros os que um dia chegam a me contemplar como realmente sou, face a face. (7.03)

A matéria, a consciência e o Espírito

A substância elementar da minha natureza material se divide em oito formas distintas: terra, água, fogo e ar; e então éter, mente, intelecto e a consciência individual, o ego. (7.04)

Porém, além dessas formas da minha natureza material, há também a minha natureza espiritual, que lhe é superior: o Espírito eterno que preenche, dá vida e sustenta a todo o universo, ó Arjuna. (7.05★)

Saiba que todos os seres surgiram e evoluíram de tais substâncias elementares. O Espírito eterno, porém, é o único agente de criação e dissolução em todo o universo [24]. (7.06★)

Não há nada acima do Espírito eterno, ó Arjuna. Tudo o que há no universo é sustentado e preenchido por ele, assim como as pérolas de um colar são sustentadas pelo fio que as transpassa. (7.07★)

"Eu sou"

Ó Arjuna, eu sou o sabor da água; eu sou a luz do sol e da lua; eu sou a sílaba sagrada AUM [25]; eu sou o cântico dos livros sagrados, e a harmonia dos sons que vibram no éter. (7.08)

Eu sou a virilidade dos homens, o suave perfume da terra e o esplendor do fogo; eu sou a vida de tudo o que vive, a yoga dos yogis e a santidade dos santos [26]. (7.09)

Eu sou a semente eterna de todas as criaturas; eu sou a sabedoria dos sábios e o brilho da razão; eu sou a glória dos gloriosos e a nobreza dos nobres. (7.10)

Eu sou a força dos fortes, livres de todos os apegos e paixões. Eu sou o amor puro que flui entre os seres, e que não pode ser represado por lei alguma. (7.11)

Saiba, ó príncipe, que são três as qualidades da minha natureza material – a harmonia, a atividade e a inatividade –, as quais também se manifestam como a luz da bondade e da beleza, o desejo desenfreado da paixão, e as trevas da ignorância.

Todas elas, no entanto, emanam de mim. Todas elas dependem de mim, mas eu não dependo delas. (7.12)

Os seres humanos são iludidos pelos variados aspectos das três qualidades da natureza material. Assim sendo, eles ainda não me conhecem, pois eu sou eterno, e moro acima da transitoriedade do mundo. (7.13)

Como vencer Maya

A transitoriedade das três qualidades da natureza material, no entanto, forma um véu ilusório muito difícil de ser vencido. Nós o chamamos de *Maya*.

Somente aqueles que se dirigem a mim de coração, e se deixam iluminar pela chama por detrás da fumaça da ilusão, podem vencer facilmente o véu de *Maya*. **(7.14★)**

Os tolos, os ignorantes e aqueles afogados em seus próprios charcos de pensamentos animalescos, são incapazes de me buscar.

Aqueles que admiram o vasto espetáculo da natureza, sem no entanto crer naquele que imaginou suas leis, são incapazes de me perceber.

E finalmente, ó Arjuna, aqueles que deixaram a chama espiritual se apagar de seus corações, e vivem plenamente no mundo material, esses são incapazes de me sentir. (7.15)

Os buscadores

Mas saiba, ó príncipe, que há quatro classes de seres que ainda se dirigem a mim: os aflitos e angustiados, os que buscam o autoconhecimento, os que buscam a bondade e os sábios que, já tendo experimentado a luz eterna uma vez, jamais se esquecem dela. (**7.16★**)

Dentre eles, os sábios iluminados são os melhores, pois vivem unificados a minha luz, e dedicam cada momento de suas vidas a refletir esta luz pelo mundo. Eles me amam acima de todas as coisas, e eu os carrego com carinho junto a mim, e a minha luz jamais os deixará abandonados na escuridão. (7.17)

Todos eles têm a sua nobreza, e dia virá em que me encontrarão face a face. O sábio, porém, que me entrega a própria vida, para que a minha vontade seja manifesta no mundo, é como eu mesmo repousando em mim, é como eu mesmo buscando a mim. (7.18)

Após muitos renascimentos, após cada vida dedicada a tal sabedoria, o sábio iluminado me alcança e vive ao meu lado na eternidade. Assim, ele finalmente vê e compreende que tudo o que há é uma manifestação do Espírito eterno.

Tais seres são raríssimos neste mundo. (**7.19★**)

Os demais, cujo discernimento é aturdido pelos mais variados desejos, são impelidos a buscar este ou aquele agente celestial, esta ou aquela divindade, com os seus ritos e cerimoniais específicos.

De acordo com a sua natureza, todos acham o que procuram. (7.20)

No entanto, ó Arjuna, ainda que os seres humanos adorem as mais variadas divindades, as mais variadas imagens e as mais variadas doutrinas, eu observo somente o seu coração e a sua fé.

Aqueles que buscam minha luz através de espelhos e reflexos, contanto que busquem com fé no coração, terão tanta luz quanto forem capazes de absorver. (7.21—22★)

Mas as conquistas adquiridas através da adoração das divindades e dos agentes celestiais são somente temporárias, ó príncipe. Saiba que aqueles que buscam somente os reflexos e as sombras viverão imersos num mundo de sombras e reflexos, enquanto que aqueles que buscam a mim viverão imersos na luz original. (7.23)

O transcendente

Entre os seres há muitos ignorantes incapazes de me conceber como transcendente a todas as coisas. Eles creem que eu possa assumir várias formas ou habitar um único ser deste mundo.

Pois saiba, ó Arjuna, que todas as formas e todos os seres emanam de mim, enquanto minha essência permanece oculta em tudo o que há. Os ignorantes olham para as sombras projetadas pelas coisas e não me veem, pois eu sou a luz original e transcendente que ilumina o mundo desde a eternidade. (7.24—25★)

Eu conheço todos os inumeráveis seres que existiram em eras passadas, assim como os que habitam os mundos do presente, e até mesmo os que ainda estão por vir a existir no futuro.

Eu os conheço a todos, plenamente. A minha mente os abarca inteiramente, mas não há mente que possa me abarcar. (7.26)

Os seres deste mundo vivem na ignorância devido à ilusão dos pares de opostos nascidos dos seus gostos e desgostos, do que desejam e do que temem...

Mas não são todos, ó Arjuna. Há alguns poucos que conseguiram se libertar desta ilusão de dualidade e de contraste entre os opostos. Esses me reconhecem em tudo o que há, e são firmes e constantes em sua vontade, seu amor e sua devoção. (7.27–28)

Esses que me tomam como refúgio, e repousam em meu coração como o recém–nascido no seio da mãe, se esforçam para finalmente se livrarem dos ciclos de nascimento, velhice e morte.

Assim, me reconhecendo como o Espírito que preenche tudo o que há, eles caminham para viver ao meu lado na eternidade. (7.29)

Esses que seguem constantes e inabaláveis em sua vontade de se unir a mim, enfim me reconhecem como o eixo em torno do qual gira a roda do tempo.

É assim que, para eles, a hora da morte será a hora da unificação, e então eles jamais deixarão de viver ao meu lado. (7.30)

CAPÍTULO VIII – O ESPÍRITO ETERNO

Arjuna disse: Ó Krishna, o que é o Espírito supremo e eterno? Qual é a sua natureza? O que é o karma? O que são os seres mortais? Como pode o Espírito lhes preencher?

Como você pode habitar este corpo? E nós que lhe dedicamos a vida, como iremos lhe reconhecer na hora de nossa morte? (8.01)

Lorde Krishna disse: O Espírito eterno é a essência de onde emanam todas as coisas, a Alma das almas, a vida universal. A sua natureza se manifesta em todos os seres, na evolução de sua capacidade de cognição e consciência, e em seu desejo de se reaproximar do eterno.

O karma nada mais é do que um reflexo da ação criativa do Espírito, que faz com que os seres nasçam e realizem ações. Ora, para toda ação há uma reação, ó príncipe. (**8.03★**)

É através da minha vontade que há toda esta geração e renovação perpétua de seres e de formas, e em realidade eu mesmo também habito este corpo, assim como todos os demais...

Atenta para este mistério, ó Arjuna, pois se todas as coisas não fossem formadas por minha substância, do que elas haveriam de ser formadas? (8.04)

A *hora da morte*

Aquele que, mesmo na hora da morte, mantém todo o seu pensamento em mim, irá se dirigir diretamente para mim e mergulhar em minha essência, disto não há dúvida. (8.05)

Aquele, porém, que pensa em qualquer outro ser, divindade ou agente celestial na hora da morte, irá se encaminhar diretamente a ele. Pois o semelhante atrai o semelhante. (**8.06**★)

Dessa forma, mantenha em mim o alvo dos seus pensamentos e cumpra o seu papel neste mundo. Assim sendo, sem desviar o foco da sua mente e do seu coração, certamente chegará o dia em que se encontrará finalmente ao meu lado. (**8.07**★)

Com a mente resoluta e disciplinada pela prática constante da meditação, quem dedicar sua vida a me contemplar em tudo, ó Arjuna, um dia se unirá a mim na eternidade. (8.08)

Quem eleva sua mente e, preenchido de fé e de amor, pensa em mim, o onisciente, o ancestral dos ancestrais, o infinitamente pequeno e o colosso dos colossos, aquele que sustenta todas as leis naturais, o inefável, o inconcebível, a luz de si mesmo, aquele que a tudo abarca e transcende, quem fecha os olhos materiais e me vê, face a face, com a visão espiritual, este deixa de sobreviver, e inicia a verdadeira vida!

Quem assim se despede do mundo, ó príncipe, também na hora da morte se torna imortal, pois deixa de viver no aro e vem habitar, junto a mim, no eixo. (8.09−10)

Agora eu quero lhe descrever, em poucas palavras, o caminho até o Espírito eterno, que os *Vedas* chamam de "o imutável".

É este o caminho trilhado por todos aqueles que dominaram a si mesmos e domesticaram seus desejos, iniciando uma nova vida, livre dos apegos e das paixões, dedicada inteiramente ao estudo e a contemplação da luz eterna que preenche a tudo... (8.11)

O caminho

Eis as instruções: Fecha bem as portas dos seus sentidos corporais. Domina o seu coração e concentra a sua mente inteiramente no Espírito que preenche tudo, inclusive o seu próprio ser. Fica bem aí dentro, junto a mim, e não se deixe vaguear pelo exterior nem se atrair por pensamentos estranhos, que não pertencem nem a você nem a este momento sagrado.

Se mantenha firme em seu propósito, repetindo a sílaba sagrada AUM, e imagina o quão vasto é o poder do Espírito que tudo cria, sustenta e renova.

Dessa forma, trilhando dia após dia este caminho, dia virá em que terá se unificado naturalmente ao eterno, ó príncipe. (8.12−13★)

Ó Arjuna, para o yogi que mantém sempre em mim o alvo dos seus pensamentos, e passa por este mundo sem se apegar a nada do que é transitório, tal caminho deixa de ser complexo e tortuoso, e se torna simples e prazeroso. (8.14★)

É assim que, após haverem finalmente me alcançado, tais almas grandiosas não têm mais nenhuma necessidade de renascer neste mundo, já que não há mais nada que precisem aprender desta parte do caminho. (8.15)

É verdade que os andarilhos de todos os mundos estão sujeitos à miséria dos nascimentos, mortes e renascimentos, ó Arjuna. Aqueles, porém, que chegam até mim, não têm necessidade de retornar para um novo nascimento. (8.16)

Os ciclos da Criação

Na manhã de cada Dia de Brama [27], todas as coisas são novamente imaginadas. Então, quando vem à noite, tudo retorna ao seu sono divino.

Aqueles que possuem este conhecimento sabem que toda a Criação passa por ciclos de surgimento e destruição. (8.17−18)

Toda essa multidão de seres que vemos neste mundo, ó príncipe, assim como todos os seres dos demais mundos, todos eles vêm à existência diversas vezes, nos períodos de criação, e desvanecem novamente, ciclo após ciclo, nos períodos de destruição. (**8.19★**)

Há, no entanto, algo que existe além deste fluxo sem fim e impermanente da natureza material, o que chamamos de imanifesto e imperecível, aquele que transcende a tudo o que existe no tempo, aquele que imagina todos os mundos e todos os seres, e que conhecemos como Brama [28]...

Aqueles que finalmente se reúnem com tal Espírito, jamais deixarão de viver unificados a ele na eternidade, e já não terão nenhuma necessidade de renascer. (8.20−21)

Os dois caminhos para deixar o mundo

A substância essencial, que preenche e dá vida a todos os seres e a todos os mundos, e através da qual todo o universo é formado e sustentado, pode ser compreendida somente pelas almas purificadas e desapegadas de tudo o que é impermanente. (8.22)

Ó Arjuna, agora irei descrever os dois caminhos pelos quais podemos deixar este mundo. Num deles, ainda será necessário renascer, já no outro, não haverá necessidade de retorno. (8.23)

Aqueles que abandonam este mundo com o fogo divino do amor crepitando em seus corações, iluminados pela luz da sabedoria que em tudo reflete, chegam a encontrar o Espírito eterno e a ele se unem.
Esses não serão obrigados a renascer. (8.24)

Aqueles, no entanto, que deixam este mundo aturdidos pela fumaça de seus erros, e se aventuram na mal iluminada noite da ignorância, não conseguem se elevar além da Lua, e se veem presos as esferas terrestres.
Esses se verão forçados a renascer. (8.25)

São, portanto, dois os caminhos eternos do mundo:
Um é claro, pleno de tranquilidade, iluminado pelo autoconhecimento e pelas práticas espirituais.
O outro é escuro, cheio de angústia, sufocado pela ignorância e o apego à matéria.
O primeiro permite que nos elevemos até as esferas de onde não é mais necessário retornar; o último não nos

permite libertar dos grilhões da terra, e nos obriga a voltar. (8.26★)

O verdadeiro yogi, ó Arjuna, conhece ambos os caminhos, mas não perde mais nenhum dia de sua vida na via da ignorância, e se dedica a via iluminada do conhecimento transcendente em todos os momentos de sua existência. (8.27)

E os frutos deste conhecimento, ó príncipe, são superiores a tudo o que pode ser alcançado pela mera leitura dos *Vedas*, pelos ritos e sacrifícios, pelo ascetismo e pela distribuição de esmolas.

O verdadeiro yogi, que caminha na trilha do conhecimento transcendente, alcança a autorrealização, e segue a passos largos para se juntar a mim na eternidade. (8.28)

CAPÍTULO IX – O CONHECIMENTO SUPREMO E O GRANDE MISTÉRIO

Lorde Krishna disse: Eu irei lhe revelar o mais profundo conhecimento transcendental e o grande mistério transcendente, ó Arjuna, pois o seu coração está pronto e livre de contradições.

Após compreender corretamente tais ensinamentos, você se verá livre de todas as misérias deste mundo. (9.01)

O conhecimento de si mesmo é a coroação de todos os conhecimentos. Tal conhecimento interno é o mais secreto dos conhecimentos.

É profundamente sagrado, perceptível em seu todo somente com a ajuda da intuição, nos conduz ao reto caminho, uma vez compreendido é muito simples de ser praticado e, finalmente, é um conhecimento que reside além do tempo. (9.02)

Ó Arjuna, aqueles que não têm fé neste conhecimento não conseguem chegar até mim, e permanecem andando em círculos, através dos ciclos de nascimento e morte. (9.03)

Todo este vasto universo, desde suas pequenas partes até as mais gigantescas, é uma emanação que parte de mim.

Eu imaginei e até hoje preencho todas as coisas, e todas as coisas dependem de mim. Eu não tenho origem nelas, mas elas têm origem e se sustentam em mim.

Eu sou o menor dos menores e o maior dos maiores, tanto no que existe no tempo quanto no que é eterno. (**9.04★**)

Contemple o meu mistério divino, ó príncipe: Não pense que eu seja somente o universo conhecido, nem o que lhes resta conhecer. Eu sou aquele que tudo sustenta, aquele que tudo mantém, aquele que tudo preenche, mas eu não sou encerrado nem limitado em "tudo". (**9.05★**)

Assim como as brisas percorrem o mundo inteiro sem serem percebidas e sem jamais deixarem de ser o "ar", da mesma forma tudo o que há sopra em todo o universo, sem que nem uma pequena parte jamais deixe de existir dentro de mim, nem jamais deixe de ser o "tudo".
Ó Arjuna, reflete bem sobre este mistério! (**9.06★**)

Geração, aniquilação e movimento

Ao fim de um Dia de Brama (*Kalpa*) todas as coisas se dissolvem novamente em minha essência; então, na aurora seguinte, torno a imaginar novamente tudo o que haverá de ser. (9.07)

Através da minha natureza material eu moldo todas as coisas, todos os seres e todas as formas.
É a minha vontade de imaginar o que lhes dá existência, a natureza por si só é impotente para tal. (9.08)

Todas essas obras de imaginação, entretanto, não me mantém preso, ó príncipe, pois eu permaneço desapegado e indiferente, embora presente em tudo o que existe. (9.09)

Atenta que é cumprindo a minha vontade que a natureza material gera e extermina, dando origem aos seres e as coisas inanimadas.

É assim que todo o universo se move. (9.10)

Os caminhos do sábio e do ignorante

Os ignorantes me desprezam quando eu me revelo através de uma forma humana, pois eles não conhecem a minha natureza transcendental, e mal fazem ideia de que eu sou a grande essência presente em todos os seres. Assim, eles me tomam por uma pessoa comum.

Por serem egoístas em suas esperanças e ações, tolos em seu saber e conhecimento, eles habitam os charcos inferiores da consciência humana, onde predominam o engano e a brutalidade. É assim que passam por mim e, no entanto, não me reconhecem. (9.11–12)

Mas as almas grandiosas, ó Arjuna, que buscam desenvolver sua consciência superior, vivem unificadas a mim, e me dedicam suas vidas de todo o coração.

Tais sábios me reconhecem em toda a parte, como o que há de imutável, infinito e eterno – a origem de tudo! (9.13)

Com firme determinação, eles me dedicam uma devoção inabalável, e em cada passo do caminho cantam minhas glórias, me tendo sempre como o alvo final de sua longa jornada. (9.14)

E há outros que me buscam através da aquisição do conhecimento transcendental, contemplando em todas as coisas a minha unidade e a minha natureza eterna. (9.15)

Todas as coisas emanam do Espírito eterno

Eu sou o ritual e também o sacrifício. Eu sou a oferenda, eu sou a erva, eu sou todos os mantras, eu sou todos os perfumes, e também o fogo que consome o sacrifício.

Eu sou o eixo que sustenta o universo, o pai, a mãe e o avô. Eu sou o objeto do verdadeiro conhecimento. Eu sou a sílaba sagrada AUM, e todos os *Vedas.*

Eu sou o início e o fim do caminho. Eu sou o criador e também aquele que a tudo sustenta. Eu sou o juiz e a testemunha. Eu sou a mansão e o abrigo. Eu sou o refugiado e o amigo.

Eu sou o princípio e o fim. A origem, a fundação e a destruição. A substância e a semente eterna, que jamais deixará de dar frutos! (9.16−18)

Eu oferto o calor e a luz do sol. Eu comando e retenho a chuva. Eu sou tanto a morte quanto a imortalidade.

Eu sou tudo o que existe no tempo e, não obstante, eu sou sempre um e o mesmo, ó Arjuna. (9.19)

Os formalistas

Aqueles que seguem os rituais prescritos nos *Vedas,* que bebem o *soma* [29] e se purificam dos seus pecados, que me ofertam sacrifícios com toda a sinceridade, esses eventualmente atingirão o céu e gozarão do conforto celestial. (9.20)

No entanto, quando o seu tempo no céu houver exaurido, de acordo com os bons frutos de seu karma, eles voltarão a renascer neste mundo.

Pois ainda que eles tenham seguido corretamente as prescrições dos livros sagrados, ó príncipe, foram meros formalistas, e não chegaram senão às margens da eternidade.

Eles se dedicaram ao que é transitório e, assim sendo, o seu tempo no céu também será passageiro. (9.21)

Ainda assim, eu cuido com carinho do bem estar espiritual e material de todos esses devotos sinceros que buscam o meu refúgio de todo coração. (9.22)

Ó Arjuna, mesmo aqueles que adoram outras divindades com fé no coração, terminam por adorar a mim sem o saber. Apesar de seguirem numa via obstruída, onde ainda não podem me ver, isso não me impede de recompensar aqueles que são sinceros em sua adoração. (9.23)

Pois é a mim, de fato, que todos os sacrifícios cerimoniais são oferecidos, e eu os recebo a todos de bom grado, embora não necessite deles.

Assim, ó príncipe, eu irradio minha luz a todos. Aqueles, no entanto, que não a percebem, e não reconhecem a minha natureza transcendental, caem nos ciclos de nascimento e morte. (9.24)

Cada um termina por se encontrar com o objeto da sua devoção: Os adoradores dos agentes celestiais se juntam a eles, os adoradores dos ancestrais terminam por se reunir com seus antepassados, e os adoradores dos espíritos inferiores também descerão à sua esfera.

Mas aqueles que me adoram e vivem unificados a mim, virão até a minha essência, e não terão mais necessidade de renascer neste mundo. (9.25)

Quem quer que me ofereça uma folha, uma flor, uma fruta, ou apenas um bocado d'água, desde que o faça com o coração, eu aceito.

Eu aceito todas as oferendas daqueles que me amam, ó príncipe. (**9.26★**)

Por isso, ó Arjuna, o que quer que faça, o que quer que coma ou beba, o que quer que doe ou receba, o que quer que oferte ao fogo sagrado, quer pratique o jejum ou a oração, pensa sempre em mim que já tenho tudo, e ofereça a mim todas os seus sacrifícios e todas as suas ações. (**9.27★**)

Ao agir assim, renunciando completamente aos resultados de suas ações, você se tornará livre das amarras do karma, e seguirá através do caminho que leva até mim em total harmonia. (9.28)

Eu estou presente em todos os seres do mundo. Não há nenhum pelo qual eu tenha preferência ou repulsa.

Aqueles, porém, que me adoram e me dedicam suas vidas, esses vivem unificados em mim, e eu estou sempre ao seu lado. (**9.29★**)

Mesmo se um grande pecador acaba por se dirigir em minha direção com toda a sua alma e todo o seu coração, até mesmo este é digno de louvor, pois abandonou a ilusão para buscar a verdade. (**9.30★**)

Em breve, mesmo ele encontrará a via reta que leva até mim e, trilhando—a com resolução e esperança, também alcançará a paz perene.

Saiba, ó Arjuna, que eu jamais abandono aqueles que seguem de coração em minha direção, e assim eles jamais tombarão em sua jornada. (9.31)

A via do amor devocional

Qualquer um pode alcançar meu refúgio ao abandonar sua vida em mim, com toda a sua alma e todo o seu coração.

Esta é a via do amor devocional, ó Arjuna, e todos podem trilhá−la, sejam filhos ou filhas de nobres ou de camponeses, nascidos em famílias sábias, rústicas ou pecadoras. (9.32)

Ainda que os sábios e devotos encontrem esta via com maior facilidade, ó príncipe, é preciso compreender que este mundo é uma morada passageira e transitória. (9.33)

Assim, sempre pensa em mim que sou eterno. Me conheça, me adore, e deixa que a minha vontade prevaleça em cada momento da sua vida.

Então, vivendo unificado a mim, você encontrará o eterno refúgio e a tranquilidade perene. (**9.34★**)

CAPÍTULO X – A MANIFESTAÇÃO DO ABSOLUTO

Lorde Krishna prossegue: Ó Arjuna, agora ouça com muita atenção a doutrina mais importante que vim lhe expor, pois você me é muito querido, e eu lhe desejo o bem supremo. (10.01)

Tudo vem do Espírito eterno

Nem os agentes celestiais nem os mais sábios dentre os sábios conhecem a minha origem; tampouco as divindades, e nem mesmo as almas mais elevadas dos mundos celestes...
Isto porque sou eu a origem de todos eles. (10.02)

Aqueles, porém, que em sua sabedoria adquirida pelo caminho, me reconhecem como o ser incriado, que não teve princípio nem terá fim, e que reina supremo pela infinitude cósmica, esses me veem em toda a parte, e assim se libertam das amarras do karma. (10.03)

Saiba, ó príncipe, que é exclusivamente da minha essência que surgem todas as qualidades das almas humanas:
A razão, o conhecimento e a sabedoria; a tranquilidade, a paciência, a sinceridade e a capacidade de perdão; o autoconhecimento e o domínio dos próprios desejos; a harmonia perante as dores e os prazeres, as mortes e os nascimentos, o excesso de medo e de coragem.

Assim como a não violência, o contentamento, a austeridade, a amorosidade, a caridade, a magnanimidade e a modéstia. (10.04−05)

Os grandes santos e sábios, da mesma forma que todas as demais criaturas deste e dos outros mundos, todos eles surgiram da minha imaginação. (10.06)

Aquele que verdadeiramente compreende como eu me manifesto em tudo o que existe, e percebe a minha essência pairando em toda a parte, sem nenhuma dúvida já vive unificando em mim, em todos os momentos. (10.07)

Eu sou a origem de tudo, e tudo o que há emana de mim. Os sábios que compreendem esta verdade dedicam suas vidas a mim, de todo o coração. (**10.08★**)

Como eu nunca sou deixado de lado em cada um dos seus pensamentos, eles vivem mergulhados no coração do universo, e a todo momento se mantém contentes e na mais plena tranquilidade.
Eu, de minha parte, os ilumino e inspiro continuamente, de modo que, ao refletirem a minha luz, eles auxiliam a dissipar as trevas da ignorância, e assim a fumaça de *Maya* vai lentamente se desvanecendo do mundo. (10.09)

Aqueles que vêm a mim, eu também lhes concedo o discernimento e a intuição, para que possam me conhecer e compreender cada vez mais intimamente. (10.10)

Eu, que habito a essência de suas almas, os ilumino e dissipo a sua ignorância, de dentro para fora, como um ato de amor. (10.11)

Arjuna disse: Você é o ser supremo, o refúgio perene, o grande purificador, a divindade primal, incriada e onipresente!

Todos os santos e sábios lhe aclamam como o Espírito eterno, a essência de tudo o que há, foi ou será!

E agora você mesmo me diz tais coisas... Ó senhor, e eu acredito plenamente em tudo o que me diz! (10.12−13)

Ninguém pode conceber a verdadeira natureza da realidade

A sua presente manifestação é envolta em mistério inefável. Nem os deuses, nem os agentes celestiais, nem as almas mais adiantadas podem conceber a sua verdadeira natureza. (10.14)

Ó criador e senhor de todos os seres, Deus dos deuses, Alma das almas, governador de tudo o que é, foi ou será, somente você pode compreender a sua natureza eterna! (**10.15★**)

Assim sendo, somente você pode descrever os seus mistérios e as suas glórias. Somente você pode conceber todas as suas manifestações, pelas quais você também habita a si mesmo, em todos os mundos e em todos os universos. (10.16)

Então, como eu poderei chegar a lhe conhecer verdadeiramente? Em qual das suas manifestações eu devo focar a minha mente? Para qual das suas infinitas formas eu devo dedicar a minha contemplação? (10.17)

Ó senhor, eu me sinto como a abelha em busca de néctar, o sedento no deserto na ânsia por água pura... E para mim as suas palavras são como os bosques perfumados e os rios cristalinos!

Me fala mais sobre você, os seus mistérios e as suas glórias. Me explica em detalhes as suas formas de manifestação. (10.18)

Tudo é uma manifestação do Espírito eterno

Lorde Krishna disse: Ó Arjuna, meu amigo, agora irei lhe descrever as minhas formas de manifestação mais proeminentes, pois de fato elas são infinitas e ilimitadas. (10.19)

Ó príncipe, eu sou o Espírito que habita a consciência de todos os seres, e cujo reflexo é conhecido por todos como "eu" (ou ego).

Eu também sou o criador, o sustentador e o destruidor, isto é, o princípio, o meio e o fim de todas as coisas. (10.20)

Como sustentador do universo, me conhecem como Vishnu; dentre os sóis, eu sou a estrela mais radiante; pela noitinha estrelada, eu sou a lua cheia; e não há brisa ou lufada de vento que sopre sem que eu esteja lá. (10.21)

Eu sou todos os *Vedas* e a inspiração de todos os poetas; eu sou a mente que interpreta as sensações, e a consciência que aflora em todos os seres. (10.22)

Como destruidor e renovador do universo, me conhecem como Shiva; dentre os gigantes, sou a grandeza; dentre os seres elementares, sou o elemento que os vivifica; dentre as montanhas, sou o pico mais alto, e o monte mais santo. (10.23)

Eu sou o sumo sacerdote dentre todos os religiosos; dentre os generais, sou a sua mais elevada estratégia; dentre as águas correntes, sou o grande oceano. (10.24)

Como criador do universo, me conhecem como Brahma; dentre as palavras, eu sou a sílaba sagrada, AUM; dentre os devotos que cantam sobre mim, sou a harmonia de seus mantras; dentre os sábios, sou a sabedoria. (10.25)

Dentre as árvores, eu sou a figueira sagrada, a árvore da vida; dentre os iluminados, sou a luz; dentre os santos, sou a santidade; e não há agente celestial que não governe através de mim. (10.26)

Dentre os animais, eu sou as suas manifestações mitológicas; dentre os homens, sou a magnanimidade dos reis e governadores; dentre as armas, sou o raio; dentre os amantes, sou o amor. (10.27−28)

Dentre os seres dos mares, eu sou a divindade das águas; dentre os antepassados, sou o grande avô; dentre os juízes, sou aquele quem decide quem vive e quem morre; dentre os doentes, sou a doença e a cura. (10−29)

Dentre as feras, eu sou o leão; dentre as aves, sou a águia. (10.30)

Dentre os purificadores, eu sou o ar mais puro; dentre os guerreiros, sou o poderoso Lorde Rama; dentre os peixes, sou o crocodilo; dentre os rios, sou o sagrado Ganges. (10.31)

Ó Arjuna, em toda a criação, eu sou o início, o fim e o meio.

Dentre as ciências, eu sou o conhecimento do Espírito; dentre os oradores, sou o verbo; dentre os lógicos, sou a lógica. (10.32)

Dentre os alfabetos, eu sou a letra "A"; dentre as palavras, sou a sua conjunção; dentre a comunicação, sou a linguagem.

Eu sou o tempo perene, e volto a minha face para todas as partes, o passado, o presente e o futuro. (10.33)

Eu sou tanto a morte, que a todos devora, quanto o renascimento, que a dissolve.

Eu sou a glória, a fortuna, a eloquência, a memória, o intelecto, a fidelidade e a misericórdia. (10.34)

Dentre os versos, eu sou a poesia mística; dentre os cantos, eu sou os mantras mais sublimes; dentre as estações, sou a primavera; dentre os meses do ano, sou aquele onde nascem mais frutos. (10.35)

Eu sou a sorte dos jogadores, o esplendor de tudo o que cintila, a valentia dos vitoriosos e a bondade dos puros. (10.36)

Eu sou o xamã das antigas tribos, o sábio dos sábios, o poeta dos poetas, o bardo dos bardos, o místico dos místicos, o profeta dos profetas. (10.37)

Dentre os governadores, eu sou o seu cetro de poder, e também a diplomacia e a política; dentre os segredos, sou o silêncio; dentre os eruditos, sou o saber; dentre os yogis, sou o autoconhecimento. (10.38)

Em suma, eu sou a origem de todas as coisas e todos os seres, ó Arjuna. Não há nada, animado ou inanimado, que não seja preenchido por mim, nem que possa existir sem mim. (**10.39★**)

A natureza manifesta é uma pequena parte do Espírito

Não há fim para as minhas manifestações divinas, ó Arjuna!
Eu lhe apresentei somente uma pequena parte delas... (10.40)

O que quer que seja representado com glória, luz e poder, saiba que se trata somente de uma ínfima parte do esplendor do Espírito eterno. (10.41)

Mas para que seriam necessários mais detalhes e minúcias sobre este conhecimento, ó príncipe? Por ora, basta que saiba que eu sustento todo este mundo, assim como todo o universo, com uma mísera fração da minha vontade. (10.42)

CAPÍTULO XI – A VISÃO DA FORMA CÓSMICA

Arjuna disse: A minha ignorância é dissolvida pela profunda sabedoria de suas palavras, ó senhor.

Você me fala com carinho sobre os grandes mistérios do Espírito, e o meu coração se abre para a sua generosidade. (11.01)

Ó Krishna, eu tenho escutado com atenção sobre a origem e a dissolução, a criação e a renovação de todas as coisas. Eu tenho compreendido em parte a sua glória eterna... (11.02)

Ó senhor, você é de fato tudo o que afirmou ser, mas para mim ainda não é suficiente apenas ouvir falar sobre o Espírito. Assim, se for possível, eu gostaria de poder contemplar a sua forma divina.

Ó mestre, me mostra como você verdadeiramente é. (11.03★)

Se você julga que eu esteja preparado para lhe ver face a face, se eu posso ter o privilégio de ver a sua forma cósmica e transcendente, ó senhor, então me mostra! (11.04)

Lorde Krishna disse: Ó meu amigo, contempla então como minhas manifestações, ainda que sejam milhares, milhões, nas mais variadas cores e formas, são todas elas parte de minha substância eterna.

Mergulha o seu olhar em mim, e observa os reinos das divindades, dos agentes celestiais e das almas iluminadas. Vê também como há muitas maravilhas e seres misteriosos dos quais nunca pôde sequer imaginar.

Abre bem seus olhos, pois a visão de todo o universo, com todos os seus seres, animados ou inanimados, flutuando no oceano profundo do meu ser, é uma imagem que será lembrada para sempre! (11.05−07)

Mas saiba, ó príncipe, que não é com os olhos do seu corpo que poderá ver tudo o que existe em mim. Para tal, eu lhe concedo uma nova visão, e abro a pálpebras do seu olho espiritual, para que assim possa me ver como realmente sou, e contemplar a minha natureza mística. (**11.08★**)

O Espírito eterno se revela como é

Sanjaya disse: Ó rei, tendo dito isso, Lorde Krishna, o grande senhor dos mundos, se revelou ao príncipe dos Pândavas como realmente é. (11.09)

Arjuna viu a substância universal como muitas formas numa só, com inúmeras faces e olhos e bocas, infindáveis consciências e seres, adornados com ornamentos celestes e empunhando armas divinas.

Era como um só deus, com infinitas faces, e um perfume inconfundível a preencher todos os espaços.

Era como um único semblante composto por uma hoste sem fim de agentes celestiais; e ele se encontrava radiante, exalando a mais perene alegria e a mais profunda paz. (11.10−11)

Se acaso mil sóis irradiassem ao mesmo tempo, num único céu, toda a sua luz ainda seria fraca e pálida perto da glória daquele semblante, que contemplava a tudo e a todos. (11.12)

Arjuna observou todo o universo manifestado em uma grande vastidão de formas, e percebeu que todas elas se irradiavam do ser transcendente, o senhor de todas as divindades: Lorde Krishna. (11.13)

Ante tal visão cósmica, o príncipe dos Pândavas foi arrebatado por um enorme espanto.
Então, com o corpo todo arrepiado, inclinou sua cabeça com reverência e devoção, juntou ambas as mãos em posição de prece, e se dirigiu ao grande senhor... (11.14)

Arjuna disse: Ó Krishna, eu posso ver em sua substância todos os deuses e agentes celestiais, todos os sábios e santos, enfim, todos os seres que já nasceram, todos os que já morreram, e os que ainda estão por nascer. (11.15)

Ó senhor, eu o vejo em toda parte, com infindáveis braços, torsos, olhos e faces. Ó Espírito eterno, não é possível conceber nem o seu princípio, nem o seu fim, nem a sua duração! (**11.16★**)

Eu o vejo com uma coroa na cabeça, e segurando um cetro numa mão, e um disco na outra. A sua luz brilha incessante e incansável por todo o universo, ofuscando a todos que lhe dirigem o olhar. (11.17)

Eu creio que você é o ser supremo e inefável, além da concepção do intelecto, o refúgio final de todos os nossos pensamentos acerca da existência.

Ó senhor, você é a fonte eterna, o destino final de todos os caminhos, o sustentador da natureza, o coração do universo. (11.18)

Eu percebo que você não tem início, nem meio, nem fim, e que o seu movimento perdura eternamente.

Ó senhor, seus olhos são como o sol e a lua, e a sua face cintila como um fogo que ultrapassa os dias e as noites, e não se extingue jamais. (11.19)

Ó senhor, a sua luz e o seu perfume preenchem todos os espaços e todas as direções. Todos os seres em todos os mundos empalidecem perante tamanha majestade.

Ante o esplendor da sua face, todos os demônios e seres sombrios tremem e fogem apavorados, enquanto os santos e os iluminados lhe estendem as mãos e buscam estar sempre na sua presença. (11.20–21)

Com cantorias e mantras sagrados, todas as almas iluminadas e todos os agentes celestiais celebram a sua glória eterna.

Ó senhor, há multidões de andarilhos que percorrem longas distâncias para que um dia possam enfim lhe contemplar face a face; e neste dia eles também serão arrebatados por um grande espanto, e assim como eu, não terão palavras para descrever a sua vastidão e a sua luz. (11.22–23)

O espanto de Arjuna

Eu estou espantado e atemorizado, ó Krishna, e após ver sua cabeça resplandecente tocando o céu e irradiando miríades de matizes, não encontro nem a paz nem a coragem para prosseguir.

A sua bocarra aberta parece que engolirá o mundo inteiro, e os seus olhos flamejantes fitam todas as direções! (11.24)

Os seus dentes rangem e cintilam, a terra arde em chamas em meu entorno, e eu já nem sei mais onde estou...

Ó senhor do céu, refúgio dos caminhantes, tem piedade deste andarilho! (11.25)

Todos os meus primos e irmãos, juntamente com a multidão de grandes generais e guerreiros do outro lado do campo de batalha, enfim, ambos os exércitos, Pândavas e Kurus, são facilmente despedaçados entre os dentes da sua boca colossal.

Como um rio correndo rapidamente até o mar, eles escorrem por sua garganta ardente e são aniquilados! (11.26–28)

Como moscas se arremessando inconsequentemente as chamas de uma vela, um por um eles perecem...

E então eu o vejo engolir montanhas e reinos inteiros... Seus olhos flamejantes alcançam a tudo e a todos, e o mundo todo é incendiado por sua presença! (11.29–30)

Ó senhor, por que aparece para mim neste aspecto tão terrível? [30] Diante do seu semblante raivoso eu me prostro e me abandono...

Eu quero lhe compreender, ó grandioso aniquilador, mas não consigo... Tenha piedade, tenha piedade deste andarilho! (11.31)

Krishna descreve o que é capaz de realizar

Lorde Krishna disse: Eu sou o tempo, eu sou a morte, eu sou o destruidor de mundos. Eu vim para aniquilar todos os exércitos deste campo de batalha.

De todos os grandes generais e guerreiros que pode ver, nenhum me escapará. Somente você irá sobreviver, ó príncipe. (11.32)

Assim sendo, levanta e se atira ao combate, pois você será o meu instrumento e o meu executor.

Toma coragem, ó Arjuna, e conquista seus inimigos, pois eles já estão condenados pela minha presença ao seu lado. (11.33)

Nada tema, meu amigo, pois todos esses generais já tiveram o seu destino determinado no momento em que eu me revelei.

Então vá, e cumpre o seu dever nesta guerra, ó príncipe! (11.34)

Arjuna fala ao Espírito eterno

Sanjaya disse: Tendo ouvido estas palavras de Lorde Krishna, o príncipe Arjuna, chacoalhado pelo medo e prostrado aos pés do senhor dos mundos, estendeu as mãos em sua direção e encontrou coragem para falar, embora sua voz fosse trêmula e incerta... (11.35)

Arjuna disse: Com razão, ó senhor, o mundo inteiro se alegra ao ser preenchido por sua luz e sua magnanimidade. Os sábios e os iluminados vêm lhe adorar, enquanto os demônios, apavorados, fogem para longe. (11.36)

E como poderiam proceder de outra forma, ó grande Espírito? Como poderiam adorar outro criador, que não o Criador dos criadores, dos mundos e dos seres?

Ó grande lorde, eterno e infinito, você reside ao mesmo tempo no universo e no refúgio perene, que está erigido além do reino de *Maya*! (11.37)

Você é a divindade primordial, o ancestral de todas as coisas. Você é o eixo que sustenta tudo o que há. Você é tanto o conhecimento quanto aquele que conhece. Você é a origem e o refúgio de todos os seres, e o seu olhar penetra fundo na vastidão sem fim do universo. (11.38)

Você é tanto o fogo quanto a água, tanto o vento quanto a terra, tanto a lua quanto o sol, tanto a morte quanto a nova vida, tanto o pai quanto o filho e o avô. Saudações e saudações, saudações sem fim devem lhe ser conferidas a cada momento da existência! (11.39)

Eu lhe saúdo a minha frente, e as minhas costas. Eu lhe saúdo a minha direita e a minha esquerda. Eu lhe saúdo nas alturas celestes e nos abismos profundos.

Eu estou imerso em sua substância, ó senhor eterno, e você me atravessa por todos os lados, e abarca a tudo e a todos! (11.40)

Enquanto eu lhe considerava um mero cocheiro, embora um grande amigo, eu lhe chamava: "Ó Krishna, venha até aqui!"

Perdoa a minha ignorância e leviandade, ó grande senhor, pois eu não compreendia que você já estava em todos os lugares. (11.41)

Perdoa as minhas piadas e as minhas brincadeiras de criança.

Perdoa a forma como lhe tratei na frente dos outros, ou quando éramos somente nós dois.

Perdoa a minha cegueira e o meu sono, ó senhor da aurora. (11.43)

Assim sendo, ó senhor do universo, eu me prostro e me abandono ante o seu olhar, pois que agora sei que você é a fonte de todas as coisas.

Ó grande Espírito, e se lhe convier, me confere o seu amor de pai, de amigo, de amante supremo! (11.44)

Em seus olhos, vejo grandiosas maravilhas, muitas coisas que nunca vi antes e que ainda não compreendo, mas a minha mente é atormentada por grande medo e angústia, e eu me sinto como a beira de um abismo...

Ó meu amigo, meu amigo eterno, por favor, tenha piedade deste andarilho, e volta ao seu semblante amoroso, pois que meus olhos não suportam mais lhe encarar nesta forma terrível. (11.45)

Eu gostaria de poder lhe contemplar como o vi anteriormente, com a majestosa coroa na cabeça, com o cetro e o disco nas mãos.

Eu lhe suplico, ó grandioso senhor, volta aquele semblante amoroso! (11.46)

Krishna atende ao pedido de Arjuna

Lorde Krishna disse: Ó Arjuna, pelo poder da minha infinita imaginação eu lhe revelei a minha forma cósmica, radiante e universal, que abarca o conjunto de todas as coisas acima e abaixo do céu.

E, se assim o fiz, foi por estar satisfeito contigo, pois que ninguém neste mundo jamais havia tido tal oportunidade de me ver como realmente sou. (11.47)

Ó príncipe, nem o estudo meticuloso dos *Vedas*, nem as oferendas e sacrifícios, nem os rituais, nem a caridade, nem a mais rigorosa ascese podem revelar a minha forma cósmica. (11.48)

Mas não deve temer nem se assombrar em demasia com tal visão, meu amigo. Acalma, portanto, seu coração. Pacifica a sua mente, respira fundo e deixa que o medo desvaneça junto com o ar que solta dos pulmões.

Fecha os olhos por um momento, e então os abra novamente, com a alma tranquila. (11.49)

Sanjaya disse: Assim falou Krishna, e quando o príncipe dos Pândavas reabriu os olhos, ele já havia voltado a sua forma humana. Com um semblante de suprema bondade e tranquilidade, o cocheiro acalmou Arjuna, e fez desaparecer o seu temor. (11.50)

Arjuna disse: Ó Krishna, como me acalma este seu semblante pacífico. Seu olhar é como um oceano de tranquilidade! (11.51)

O caminho para a visão cósmica

Lorde Krishna disse: A forma em que me contemplou não é revelada a qualquer um, mas somente a alguns poucos em todos os mundos, ó príncipe.

Até mesmo os espíritos mais iluminados e os agentes celestiais mais diligentes buscam ardorosamente por esta visão, mas ainda não tiveram a capacidade de me ver face a face, como você acabou de fazer. (11.52)

Pois não se chega a tal visão pela mera leitura dos *Vedas*, nem pela prática minuciosa dos rituais, nem por atos extremos de ascetismo, e nem mesmo pelas mais grandiosas ofertas de caridade. (**11.53★**)

É somente através da verdadeira devoção, do verdadeiro amor, da verdadeira vontade, que é possível alcançar o conhecimento do meu ser e da minha essência, e somente assim eu me revelarei como realmente sou, ó Arjuna. (**11.54★**)

Aquele que tudo realiza em meu nome; aquele que me tem como o alvo final de cada passo em seu caminho; aquele que me ama, e deixa que tudo se realize, sem apegos ou repulsa; aquele que já não odeia ninguém, e me vê refletido em tudo, este chegará finalmente ao meu refúgio eterno, ó Arjuna, e eu estarei com ele. (**11.55★**)

CAPÍTULO XII – O CAMINHO DA DEVOÇÃO

Arjuna perguntou: Daqueles devotos que desejam alcançar o seu refúgio, qual deles são os melhores yogis, os que meditam e se conectam ao seu aspecto pessoal e manifesto, ou aqueles que focam a sua mente em seu aspecto universal e sem forma definida? [31] (**12.01★**)

Lorde Krishna disse: Considero os melhores yogis aqueles que me amam como um aspecto pessoal, com intimidade e familiaridade, pois esses terão maior facilidade em me imaginar ao seu lado. (**12.02★**)

No entanto, aqueles que me amam como o absoluto, inefável, onipresente, indiviso, manifestado não somente numa pessoa, mas em todo o universo, infinito e eterno, o uno em tudo, se eles mantêm o seu ânimo inabalado em todas as circunstâncias da vida, se respeitam todos os seres e colaboram para o bem estar da sua vizinhança, se são capazes de compreender que a minha substância preenche a tudo o que há, foi ou virá a ser, eles também alcançarão o meu refúgio, ó príncipe. (12.03−04)

O caminho para a autorrealização é muito mais árduo para aqueles que me imaginam como o absoluto e sem forma definida, pois que a concepção do que é eterno e infinito é algo muito complexo para uma mente finita que viaja junto ao fluxo do tempo. (**12.05★**)

Mas aqueles que me imaginam em meu aspecto pessoal, me amam e adoram, dedicam a mim todas as ações de suas vidas, e sempre meditam em mim como o seu alvo mais elevado, eles me alcançarão mais facilmente, ó Arjuma, e eu os salvarei do oceano das mortes e renascimentos. (12.06–07)

Quatro caminhos para a divindade

Dessa forma, ó príncipe, deixa que sua mente descanse em mim, permita que o seu intelecto seja preenchido por minha luz, e medita sempre comigo em seu coração, e assim, quando for a sua hora de deixar este mundo, certamente será encaminhado ao meu refúgio eterno. (**12.08★**)

No entanto, se não é capaz de dominar seus pensamentos para que a sua mente possa descansar em meu ser, se esforça para me alcançar através dos exercícios e das disciplinas espirituais, e realiza os seus rituais com todo o carinho e dedicação. (12.09)

E se acaso não tem a disciplina necessária para cumprir os rituais e os exercícios espirituais, então se dedica de todo coração a caridade, e permita que, através de você, eu execute o meu trabalho de amor no mundo. (12.10)

Mas se nem isso é capaz de realizar, então abandona a sua vida em mim, e se liberta da ansiedade e da angústia, renunciando aos frutos das suas ações, sejam eles quais forem. (12.11)

Pois o conhecimento transcendental das escrituras é melhor do que a mera prática dos exercícios e rituais devocionais; e melhor do que o mero conhecimento é a meditação; e ainda melhor é a renúncia completa aos frutos de nossas ações (Karma–Yoga), pois de tal renúncia nasce imediatamente a paz perene. (**12.12★**)

Os atributos de um devoto

Ó Arjuna, eu amo aquele que não nutre ódio por nenhuma criatura, que é amigável e compassivo, e a todo momento busca se libertar das noções de "eu" e "meu".

Amo o que se mantém estável e equilibrado tanto ante as dores quanto aos prazeres, que perdoa facilmente e vive contente, que mantém os seus desejos sob controle e sabe esperar com tranquilidade.

Amo o que realiza todas as suas ações me mantendo em seu foco mental e em seus pensamentos, pois este é um devoto genuíno, e eu estou sempre ao seu lado. (12.13–14)

Amo aquele que não traz perturbação a ninguém, e tampouco se perturba com as coisas mundanas.

Amo o que vive no mundo e não teme o mundo, que navega com a mesma tranquilidade pelos períodos de alegria e tristeza, sem se render a nenhum tipo de excesso. (12–15)

Amo aquele que é justo e puro, livre da ansiedade, da ignorância e do preconceito.

Amo o que renunciou por completo aos resultados do seu trabalho, e vive desapegado, sem jamais se desesperar. (12–16)

Amo aquele que não se deixa perder em paixões ou ódios exacerbados, que não anseia nem teme em demasia, e renuncia a todo o tipo de julgamento das próprias ações. (**12.17★**)

Amo aquele que considera igualmente ao amigo e ao inimigo, aos honrados e aos desprezados.

Amo o que suporta com o mesmo ânimo tanto o frio quanto o calor, tanto o prazer quanto a dor, a nada se apegando.

Amo o que não se dedica a reclamar da vida, que não se importa se os demais o enaltecem ou recriminam, que se mantém tranquilo e contente com o que já possui.

Amo o que está em paz em todo o lugar, e não se prende a um reino, uma região ou uma casa, pois que me carrega consigo para onde quer que vá. (12.18−19)

No entanto, ó príncipe, dentre todos esses devotos, os que mais estimo são aqueles que buscam verdadeiramente se imergir em mim, e se unificar com a minha essência, pois eles me tem como alvo derradeiro de todos os seus passos no caminho. (12.20)

CAPÍTULO XIII – A CRIAÇÃO E O CRIADOR

Arjuna disse: Ó Krishna, agora me ajuda a compreender o que são exatamente o corpo e a matéria, e o que é a sua essência espiritual. Qual a diferença entre o inanimado e o animado, entre o mundo e aquele que conhece o mundo, entre a Criação e o Criador? (13.01)

Lorde Krishna disse: Ó Arjuna, este corpo físico, assim como o universo em miniatura que é representado em uma mente, podem ser chamados de "campo da criação".

E, aos sábios que conhecem tais mistérios, pois que souberam olhar para dentro de si mesmos, nós chamamos de "conhecedores do campo". (13.02)

Ó príncipe, saiba que eu sou o conhecedor do campo em todos os campos, o Criador de toda esta infinita Criação. A verdadeira compreensão do que distingue o campo daquele que observa o campo é, para mim, a mais alta sabedoria e o mais profundo conhecimento transcendental. (**13.03★**)

Agora me escuta, pois quero lhe falar brevemente sobre o que é a Criação, sua origem, organização, propriedades e transmutações; e, igualmente, também lhe falarei do Criador, o Espírito eterno que sustenta tudo o que existe. (13.04)

Os sábios descreveram separadamente a Criação e o Criador de diversas formas nos *Vedas*, assim como nos belos versos de outras escrituras antigas. (13.05)

Entre a natureza material nós podemos encontrar os elementos, o ego e a consciência do "eu", a mente e o intelecto, a força vital, os órgãos sensoriais e os próprios sentidos.

Da mesma forma, encontramos os objetos sensoriais, o desejo e a raiva, o prazer e a dor, e toda a multiplicidade de sensações opostas. (13.06–07)

Portanto, a sabedoria espiritual consiste no cultivo da modéstia e da humildade, da não violência e do perdão, da retidão de caráter e da honestidade, do respeito para com os antigos, da paciência e tranquilidade, do autocontrole, da aversão aos ódios e as paixões, da domesticação do ego e, finalmente, da reflexão constante acerca do sofrimento, das doenças, do nascimento, do envelhecimento e da morte. (13.08–09)

Com o auxílio do autoconhecimento, os sábios aprendem a se desapegar até mesmo das suas mulheres, seus filhos e suas casas. Assim, eles se mantêm sempre constantes em seu pensamento, e suas almas navegam com a mesma tranquilidade por mares calmos ou agitados.

Tal conhecimento os conecta a essência das coisas, de modo que eles podem habitar este mundo sem serem aturdidos pelo brilho ilusório dos objetos sensoriais. Assim, eles vivem no mundo profano sem terem seus pensamentos profanados.

Enfim, a persistência neste caminho que leva até o Espírito, a constante meditação e reflexão acerca da verdade espiritual, o amor genuíno pela essência de todas as coisas, a tudo isto chamamos "conhecimento", e todo o resto é "a ignorância do conhecimento". (13.10−12)

Uma breve descrição do Espírito

Agora irei lhe explicar sobre o objeto deste conhecimento, pois saiba que este é o caminho que leva a imortalidade. O Espírito eterno, o que deve ser conhecido, não tem princípio nem fim, e não pode ser definido nem como ser, nem como não−ser. (13.13)

Suas mãos, pés, cabeças, olhos, bocas e ouvidos estão em toda a parte, pois a sua substância preenche todos os espaços, e a sua consciência é onipresente. (13.14)

Mesmo sem órgãos sensoriais, ele percebe todas as formas e objetos, e é tocado por todas as sensações; mesmo sendo livre e ilimitado, contém e sustenta todas as coisas; mesmo desprovido dos três modos da natureza material, contempla todas as coisas materiais através dos olhares de todos os seres. (13.15)

Ele está tanto dentro quanto fora de todas as coisas, do que é animado ou inanimado. Devido a sua sutileza, é imperecível e inefável. Devido a sua onipresença, ele reside ao mesmo tempo o mais próximo de nós, em nosso próprio mundo mental, e o mais distante, em seu refúgio além do tempo. (13.16)

Ele é uno em tudo, embora pareça fragmentado em todos os seres e todas as formas. Ele é o objeto original e final de todo o conhecimento transcendental, o criador, sustentador, destruidor e renovador de todas as coisas. (13.17)

O Espírito é a fonte de todas as almas e o irradiador de todas as luzes, e reside além das trevas da ignorância. Ele é o autoconhecimento e o objeto do autoconhecimento. Ele aguarda pacientemente, na morada de cada coração, pelo dia em que será descoberto por mais um de seus filhos. (13.18)

Assim, com essas palavras, lhe dei uma introdução do conhecimento e do objeto do conhecimento. Ó príncipe, os sábios que se dedicam a se aprofundar em tais assuntos terminam por alcançar o meu refúgio, e vivem unificados em mim. (13.19)

Saiba, ó Arjuna, que tanto a natureza material quanto o Espírito não tiveram princípio, nem terão fim. Todas as manifestações e disposições da mente nascem da natureza material.
Esta natureza, estando em constante movimento e transformação, produz as mais variadas formas e objetos sensoriais. No entanto, a experiência da existência, assim como os inúmeros sentimentos que gravitam entre o prazer e a dor, são fruto do Espírito. (13.20−21)

A alma recebe as impressões dos objetos sensoriais e das qualidades da natureza material. Ó príncipe, é precisamente o apego ou o desapego de tais qualidades, consequência da ignorância ou do discernimento espiritual, o que determinará se a sua próxima vida se iniciará de modo vantajoso ou desvantajoso. (**13.22★**)

O Espírito eterno é a testemunha e o diretor, o que sustenta e o que se maravilha, enfim, a alma de todas as almas, o eixo sob o qual tudo o mais se movimenta. (13.23)

A verdadeira compreensão

Ó Arjuna, quem chega a compreender profundamente a natureza material e suas qualidades, assim como a sua origem no Espírito eterno, enfim percebe que também faz parte de todas as coisas, enfim me alcança em meu refúgio, e assim, independente das condições de sua vida, não terá mais necessidade de retornar a este mundo quando for a sua hora de partir. (13.24)

Alguns chegam ao conhecimento do seu verdadeiro Eu pela via da meditação, outros pelo pensamento metafísico e transcendental, outros pela renúncia aos resultados de suas ações, e outros pela caridade para com todos os seres. (13.25)

Mas saiba, ó príncipe, que há muitos outros que não alcançaram tais conhecimentos sozinhos, mas sim através das doutrinas e escrituras antigas, assim como pelo ensinamento dos sábios e dos santos.

No entanto, na medida em que eles forem capazes de seguir tais ensinamentos com firmeza, convicção e boa vontade, também eles transcenderão a morte e os renascimentos. (13.26)

O que quer que tenha surgido neste mundo, seja animado ou inanimado, é o fruto da união do Espírito com a natureza material, ó Arjuna. (13.27)

Aquele que é capaz de perceber a substância eterna preenchendo todas as coisas, e compreende que o Espírito é imperecível e sempre o mesmo, ainda que dê forma às coisas perecíveis, este vê a essência da realidade, e atingiu a verdadeira compreensão. (**13.28★**)

Assim sendo, ele compreende que o mesmo Espírito que o habita reside também em todos os demais seres, e dessa forma jamais se torna violento ou busca ferir aqueles que cruzam o seu caminho.

Então, livre da ilusão da mortalidade, ele se encaminha rapidamente para o meu refúgio na eternidade. (13.29)

Aquele que é capaz de perceber que todas as ações são realizadas pelas forças da natureza material, abandona a ilusão do ego e se deixa guiar pelo Espírito, desapegado de todo e qualquer resultado. (13.30)

Assim sendo, no momento em que ele compreende que toda a vastidão de seres, assim como todos os seus pensamentos, são abarcados pelo Espírito, são parte de sua substância, ele finalmente se imerge em mim, e então vivemos unificados. (13.31)

Os atributos do Espírito

O Espírito eterno não tem princípio, tampouco pode ser afetado pelas três qualidades da natureza material.

Ó Arjuna, ainda que ele possa habitar o seu corpo material, ele permanece impassível, jamais sendo afetado por quaisquer desejos ou temores. (13.32)

Assim como a substância que tudo preenche é eterna e imperecível, infinitamente sutil, da mesma forma nada pode contaminar ou afetar o Espírito, ainda que ele esteja em tudo. (13.33)

Assim como um único sol ilumina este mundo inteiro, da mesma forma o Espírito ilumina e dá vida e forma a toda a Criação. (13.34)

Aquele que percebe e chega a discernir, com o olhar do autoconhecimento, a diferença entre a Criação e o Criador, entre o campo e aquele que conhece o campo, sabe o caminho para o meu refúgio.

Assim, quando se dedica com convicção a se libertar das ilusões da natureza material, ele logo chega a me alcançar. (**13.35★**)

CAPÍTULO XIV – AS TRÊS QUALIDADES DA NATUREZA MATERIAL

Lorde Krishna disse: Ó Arjuna, ainda vou lhe aprofundar nos ensinamentos da grande sabedoria. Aqueles que a com‑preenderam inteiramente jamais tiveram a necessidade de retornar a este mundo após haverem partido. (14.01)

Aqueles que encontraram refúgio neste conhecimento transcendental se imergiram e se unificaram em mim. Dessa forma, ainda que todo o universo se dissolva, e que outro surja em seu lugar, eles não serão afligidos. (14.02)

Todos os seres nascem da união do Espírito com a natureza material

A minha natureza material é o ventre onde insiro a semente da consciência, e assim dou origem a todos os seres, ó Arjuna. (**14.03★**)

Quaisquer que sejam as formas dos seres nascidos desta infinitude de ventres, ó príncipe, é a natureza material a mãe cósmica onde todos são gestados, e o Espírito o seu pai. (14.04)

Uma descrição das três qualidades e suas manifestações

A natureza material é formada por três qualidades ou princípios – a harmonia, a atividade e a inatividade –, são esses os princípios que vinculam a alma ao seu corpo. [32] (**14.05★**)

Dos três, o princípio da harmonia é associado à bondade e à iluminação, devido a sua pureza. É ele quem vincula a alma ao conhecimento, a beleza e as sensações harmônicas, através do amor.

Quem está sob a influência deste princípio ainda renasce por conta da sua necessidade de aprendizado, mas já segue pelo caminho iluminado. (14.06)

Saiba, ó Arjuna, que o princípio da atividade representa a paixão. É ele quem vincula a alma aos desejos desenfreados e aos prazeres sensoriais.

Quem está sob a influência deste princípio renasce pelo seu apego a atividade constante e aos frutos de suas ações, e assim ainda se encontra distante do equilíbrio. (14.07)

Finalmente, ó príncipe, o princípio da inatividade representa a inércia e a ignorância. É ele quem vincula a alma a preguiça, a apatia e a negligência para com o aprendizado.

Quem está sob a influência deste princípio sofre de ausência de entusiasmo, e renasce pelo seu apego a inatividade. Esses também se encontram distantes do equilíbrio. (14.08)

Assim sendo, o princípio da harmonia vincula a alma à felicidade de aprender o conhecimento do Espírito, o princípio da atividade vincula a alma à ação constante e as paixões, e o princípio da inatividade vincula a alma à negligência, obscurecendo o autoconhecimento. (14.09)

A harmonia prevalece quando dominamos as paixões e iluminamos a ignorância.

Porém, ainda que vençamos a ignorância, se a harmonia é perdida, reinarão às paixões. Da mesma forma, se vencemos as paixões, mas nos distanciamos da harmonia, reinará a ignorância. (14.10)

Quando a luz do autoconhecimento ofusca e domestica os sentidos, então sabemos que a harmonia é proeminente. (14.11)

No entanto, quando são as paixões que predominam, a angústia e o desejo desenfreado se manifestam junto à luxúria e o egoísmo. (14.12)

Ó Arjuna, e quando é a ignorância que exerce seu domínio, o tédio e a preguiça se manifestam junto à apatia e a negligência para com as próprias necessidades. (14.13)

As três qualidades, a morte e as ações

Se alguém morre durante o domínio da harmonia, sua alma se encaminha diretamente ao céu dos sábios e iluminados, que vivem unificados ao Espírito. (14.14)

Mas se alguém morre durante o domínio das paixões, logo renascerá neste mundo, e continuará apegado à ação.

Da mesma forma, se morre durante o jugo da ignorância, renascerá novamente entre os estúpidos e os inertes. (14.15)

O fruto das boas ações é puro e cheio de harmonia; o fruto das ações dominadas pelas paixões é somente a dor; o fruto das ações dominadas pela ignorância é o erro e a falta de entusiasmo. (14.16)

O autoconhecimento surge da harmonia; a luxúria nasce das paixões; a ilusão e a estreiteza de pensamento surgem da ignorância. (14.17)

Aqueles que se estabelecem na harmonia ascendem ao céu; os apegados à ação e às paixões logo renascem neste mundo; já aqueles sob o jugo da ignorância muitas vezes descem ao inferno, dependendo do grau da sua escuridão. (14.18)

Como transcender a natureza material

Quando aquele que contempla a natureza compreende que são as qualidades materiais a origem de toda e qualquer ação, e me reconhece acima de tais qualidades, então ele estará apto a alcançar o Nirvana. (14.19)

Quando a alma se eleva e transcende os princípios da natureza material, quando se torna consciente do que existe além do seu corpo e do que os seus olhos materiais podem enxergar, ela se liberta dos vínculos materiais, do nascimento e da morte, da velhice e do sofrimento, e ruma para a fonte eterna da imortalidade. (**14.20★**)

Arjuna disse: Ó Krishna, e como podemos identificar aqueles que transcenderam as três qualidades da natureza material? Como lhes foi possível tal vitória? Como eles vivem hoje, qual a sua conduta? (14.21)

Lorde Krishna disse: Nós sabemos que alguém transcendeu a natureza material quando, mesmo sentindo o efeito dos seus três princípios – a iluminação, as paixões e a ilusão –, não nutre nem desejo nem repúdio por eles, de modo que não se irrita em demasia com os frutos das paixões e da ilusão, nem se cobra em demasia por alcançar os frutos da iluminação. (14.22)

Aquele que vive neste mundo como uma testemunha neutra, não se comove nem se perturba com as qualidades da natureza material, mas se mantém afastado do seu fluxo com um pensamento em mente: "Elas estão apenas agindo conforme a sua natureza". (14.23)

Aquele que depende somente do Espírito, que transita incólume pelo prazer e pela dor; aquele para quem a argila, a pedra e o ouro têm o mesmo valor enquanto matéria, que recebe com a mesma tranquilidade os hóspedes agradáveis e desagradáveis; aquele que com o mesmo ânimo aceita as honrarias e as calúnias, que lança o mesmo olhar sobre amigos e inimigos; aquele que, enfim, verdadeiramente renuncia aos frutos de suas ações, este podemos dizer que transcendeu as qualidades da natureza material. (14.24–25)

Aquele que entrega sua vida a mim, e realiza todas as suas ações com amor e convicta devoção, sem esperar nada em troca, satisfeito em poder realizar a minha vontade no mundo, este vai além dos princípios da natureza material, e se encaminha para o Nirvana. (**14.26***)

Pois saiba, ó príncipe, que eu sou a fonte do Espírito eterno, de todas as leis da ordem cósmica, e da paz absoluta. (14.27)

CAPÍTULO XV – O ESPÍRITO SUPREMO

Lorde Krishna disse: O universo pode ser comparado a uma árvore invertida, cujas raízes estão fincadas no Espírito eterno, e cujos galhos se projetam para baixo, sobre os mundos.

Tal árvore é imperecível, e os hinos dos *Vedas* são as folhas que nascem de seus galhos. Assim, aquele que conhece esta árvore é um conhecedor dos *Vedas*. (15.01)

Os galhos de tal árvore estão espalhados por todo o cosmos, recaindo do céu para a terra.

A seiva que a mantém viva é a representação das qualidades da natureza material. Os seus brotos representam os objetos sensoriais. Os pequenos galhos que chegam até o ego representam as ações humanas engendradas neste mundo, cheias de desejos, e que prendem os homens aos ciclos do karma. (15.02)

A luz eterna

O início e o fim do seu tronco, assim como a sua verdadeira forma, não são percebidos por quem vive neste mundo.

No entanto, ao cortar a árvore com o poderoso machado do discernimento, é possível buscar aquele refúgio eterno e elevado, que uma vez alcançado, nos liberta da necessidade de retornar a terra.

Ó príncipe, aquele que deseja tal liberdade deve estar sempre com este pensamento em mente: "No ser que é a fonte de todas as coisas, eu erguerei meu refúgio, e me verei livre dos galhos emaranhados de tal árvore". (15.03−04)

Aqueles que se libertaram da ilusão e do orgulho, que cortaram as raízes do apego e dos desejos, que residem sempre em sua morada interior, com sua luxúria e seu ego devidamente podados, vivem libertos das dualidades, e já não se abalam com o prazer ou com a dor.
São esses os sábios que se encaminham para mim. (**15.05★**)

Ó Arjuna, o meu refúgio se encontra além deste mundo, e lá não chega nem mesmo a luz do sol, nem da lua, nem do fogo.
No entanto, lá existe a minha luz eterna, que ofusca todas as demais. Uma vez banhado por esta luz, alguém nunca mais terá a necessidade de retornar ao mundo dos dias e das noites. (15.06)

A alma é uma parte do Espírito

A alma individual que habita os seres vivos é um fragmento da consciência universal, do Espírito eterno.
Ela se associa com a natureza material, e assim atraí para si os cinco sentidos e a mente, que funcionam através do seu corpo. (**15.07★**)

Assim como o ar carrega o aroma das flores, da mesma forma, a alma carrega consigo seus sentidos e sua mente, quando passa de um corpo moribundo para uma nova encarnação. (**15.08★**)

A alma é tocada pelas sensações através das suas experiências com a visão, a audição, o tato, o olfato, o paladar e os pensamentos em sua mente. (15.09)

Os ignorantes são incapazes de perceber a alma; não a reconhecem nem quando ela abandona o corpo, nem quando ainda reside nele. Tampouco fazem ideia de como ela encarna, ao se associar com os princípios da natureza material. (15.10)

Mas aqueles que têm o olhar do autoconhecimento a percebem. Os iluminados e os yogis a veem e reconhecem.

Através da frequente meditação, eles chegam a conhecer a alma que reside em seu mundo interior.

Os ignorantes, porém, cujo mundo interno se encontra obscurecido, ainda que muito a procurem, não a encontrarão enquanto não se purificarem dos seus desejos e apegos. (15.11)

A essência de todas as coisas

Saiba, ó Arjuna, que a luz radiante do sol a iluminar os dias, assim como a luz tranquila da lua a decorar as noites, e a luz que dança agitada junto ao fogo, todas elas advém de mim. (15.12)

Minha substância penetra no solo e sustenta toda a vida vegetal. Eu sou a seiva das seivas, e é através de mim que toda a planta nasce na terra. (15.13)

Também estou sempre presente em todo animal. Eu sou o fogo da vida, e é através de mim que o ar é inspirado e expirado, e cada alimento, digerido. (15.14)

Eu resido na mente e na alma de todos os seres. A memória, o autoconhecimento e o conhecimento transcendental advêm de mim.

Eu sou a essência dos *Vedas*. De fato, sou tanto a inspiração daqueles que o escreveram como a compreensão daqueles que o estudaram. (**15.15★**)

Há dois aspectos no cosmos: Aquilo que reside no fluxo do tempo, e o eixo atemporal que sustenta todas as coisas, o Espírito eterno.

Tudo o que gira em torno do eixo está sujeito a pluralidade, a fragmentação e a transformação, somente o Espírito é sempre uno e completo em si mesmo. (15.16)

Mas há algo que está além destes dois aspectos, algo que transcende tanto ao tempo quanto a eternidade.

A esta realidade primal e absoluta, que é a essência de todas as coisas, nós podemos dar o nome de Espírito supremo. Muito embora, ó príncipe, isto seja somente um nome. (15.17)

Como o Espírito supremo transcende tanto o que é temporal quanto o que é eterno, as escrituras sagradas também já lhe chamaram de Alma das almas, a Verdade, o Altíssimo etc.

Mas é necessário compreender a essência por detrás de todos esses títulos, ó Arjuna. (**15.18★**)

O sábio que chegou a compreender a minha essência é capaz de me perceber em todas as coisas, e vive todos os momentos neste mundo com o seu coração imergido em mim. (15.19)

Assim, ó Arjuna, eu lhe trouxe o segredo mais oculto desta ciência transcendental. Quem o assimila e compreende, se torna um iluminado, e cumpre com o seu dever neste mundo. (15.20)

CAPÍTULO XVI – O DIVINO E O DEMONÍACO

Lorde Krishna disse: Ó Arjuna, eis algumas das características dos seres que já se encaminham a passos largos para mim:

Bravura, pureza de coração, perseverança na busca do autoconhecimento, caridade, desapego dos prazeres, domínio dos sentidos, religiosidade, austeridade e honestidade.

Cultivo da não violência, sinceridade, mansidão, tranquilidade, boa vontade, compaixão para com todas as criaturas, gentileza, modéstia, discrição e firmeza.

Fortaleza, paciência, constância, dedicação, bem como a ausência da luxúria, da malícia e do orgulho. (16.01–03)

E agora, ó príncipe, eis algumas das características dos seres que andam em círculos, e não conseguem se aproximar do meu refúgio:

Hipocrisia, arrogância, orgulho, aspereza, brutalidade e ignorância. (16.04)

As primeiras qualidades são divinas, e encaminham para a salvação. As últimas são demoníacas, e mantêm os seres presos as amarras do karma.

Mas não se aflija, ó Arjuna, pois você tem cultivado as qualidades divinas, e o seu caminho até mim está desobstruído. (16.05)

Os sábios e os ignorantes

No fundo, há somente duas espécies de seres humanos neste mundo: Os sábios, que são divinos; e os ignorantes, que são demoníacos.

Já tenho lhe falado muito acerca dos sábios, ó príncipe, então chegou a hora de lhe falar mais sobre os seres demoníacos. (16.06)

Os ignorantes não conhecem nem a sua origem nem o seu fim; eles não sabem diferenciar quais pensamentos e ações os conduzirão até mim, nem quais os manterão presos em seus charcos de desejos desenfreados por ainda muito tempo; neles não há pureza, nem moralidade, tampouco sinceridade. (16.07)

Eles dizem: "O mundo é vago e sem substância, nele não há ordem, nem justiça, nem divindades. Não há um Espírito, e tudo o que veio a nascer é fruto do acaso. O único objetivo desta vida é gozar dos prazeres sexuais e materiais enquanto for possível!" (16.08)

E assim, eles vivem vidas pequenas, ancoradas nessas ideias menores.

Tais almas degradadas, de pensamento mesquinho, são os inimigos do avanço da humanidade e a praga deste mundo. (16.09)

Eles estão dominados por desejos insaciáveis, mas creem que eles são o mais alto bem.

Assim, jamais encontram a satisfação, pois assim que um desejo é saciado, logo nascem outros, e cada vez mais poderosos.

Tais seres são hipócritas e vaidosos, e seguem cegos da luz divina, na mais profunda ilusão. (16.10)

Como creem que nada passa da morte, são obsidiados por uma ansiedade perpétua, pois buscam satisfazer todos os desejos possíveis no curto espaço de uma vida. (16.11)

Enredados nas teias do desejo, escravizados pela luxúria, martirizados pela raiva, eles fazem tudo ao seu alcance para acumular riquezas materiais e assim poder satisfazer os seus desejos, mal sabendo que estão a forjar os seus próprios grilhões. (16.12)

Eles dizem: "Hoje eu obtive isso, e amanhã ainda obterei aquilo. Sou livre, e assim posso desejar o que bem quiser. Hoje já conquistei alguma riqueza, e amanhã ainda terei muito mais!

Este inimigo já foi derrotado por mim, e aquele outro ainda irei derrotar um dia. Todos serão vencidos, pois eu sou o senhor do mundo. Sou bem sucedido, poderoso e feliz!

Eu sou rico e pertenço à nobreza. Onde está alguém que possa me igualar?

Eu sou bom, e por isso distribuo esmolas para os pobres coitados do populacho, para que assim se espalhe a minha fama de caridoso e magnânimo!"

É assim que os engana a sua própria ignorância. (16.13–15)

Confundidos por tantas fantasias luxuriosas, enredados numa imensa teia de ilusões, viciados na satisfação dos seus desejos desenfreados, eles caem em seu próprio inferno. (16.16)

Teimosos, cheios de orgulho e intoxicados pelas próprias riquezas materiais, eles praticam seus atos de caridade e seus rituais devocionais de forma superficial, com o único intuito de mostrarem para suas comunidades uma imagem de bondade e religiosidade que, no entanto, é também uma ilusão.

Assim, eles seguem apenas as letras das escrituras, mas mantêm o seu coração frio e adormecido. (16.17)

Tais seres maliciosos se apegam ao egoísmo, ao poder, ao orgulho, a luxúria e a raiva.

Eles não podem me suportar quando percebem um ínfimo da minha luz tentando romper o casulo de suas almas; e assim, são incapazes de perceber a minha substância preenchendo a tudo o que há, e permanecem isolados da verdadeira realidade da existência. (16.18)

O sofrimento é o fruto da ignorância

Assim, ó príncipe, eu faço com que tais seres vis e ignorantes renasçam em vidas cada vez mais precárias, pois o seu sofrimento é ao mesmo tempo o fruto de sua cegueira e o remédio que poderá lhes fazer voltar a enxergar. (16.19)

No entanto, ó Arjuna, enquanto não desistirem de sua teimosia, enquanto não se reformarem, enquanto estiverem satisfeitos em viver nas trevas da ignorância, o seu destino será despencar nos mais profundos abismos da alma, e habitar os mais tenebrosos infernos. (16.20)

Os portais do inferno

A luxúria, a raiva e a ganância são os três portais que conduzem a alma ao seu inferno. Assim, os aspirantes da sabedoria devem começar seu caminho por evitá-los, não deixando seus pensamentos serem intoxicados por tais venenos. (**16.21**★)

Quem inicia o seu caminho por se libertar desses grilhões, ó Arjuna, terá a via até o meu refúgio muito facilitada. (16.22)

Mas quem desobedece ao conselho das escrituras, e se entrega a luxúria, a raiva e a ganância, deixando com que seus desejos corram desenfreados, mal consegue dar alguns passos no caminho, e logo já retorna ao ponto de partida. (16.23)

Assim, ó Arjuna, que as antigas escrituras sejam sempre a sua bússola no caminho até o meu refúgio. Jamais ignore o conselho daqueles que já trilharam tal jornada há muito tempo, e já se encontram imergidos em minha essência. (**16.24**★)

CAPÍTULO XVII – OS TRÊS TIPOS DE FÉ

Arjuna disse: Ó Krishna, e qual seria a condição daqueles que se dedicam com fé e convicção as práticas espirituais, embora menosprezem as escrituras sagradas? Estariam eles alinhados com a harmonia, com as paixões ou com a ignorância? (17.01)

Lorde Krishna disse: Naqueles que vivem neste mundo, há três tipos de fé: A fé pura, que deriva do estado de harmonia; a fé passional, influenciada pelas paixões; e a fé obscura, ancorada na ignorância.

Agora, meu amigo, escuta o que tenho a lhe dizer sobre as três... (17.02)

A fé de cada um reflete a natureza de sua alma, e de como ela foi marcada pelo próprio karma.

Ó Arjuna, uma pessoa se eleva e é reconhecida através da sua fé. Aquele que segue em seu caminho com fé e perseverança, passo após passo, pode percorrer distâncias inimagináveis! (**17.03★**)

Aqueles cuja fé é predominantemente harmônica se conectam aos agentes celestiais, aos iluminados e, em última instância, ao Espírito eterno; aqueles cuja fé está dominada pelas paixões veneram as divindades heroicas e guerreiras; e, finalmente, aqueles cuja fé se encontra obscurecida pelas trevas da ignorância prestam o seu culto aos demônios e as almas inferiores. (17.04)

Aqueles que martirizam a si mesmos, através do ascetismo extremo e das mortificações do próprio corpo, o que nenhuma escritura sagrada nem aconselha nem prescreve, estão dominados pelo egoísmo, e são grandes hipócritas.

Eles desejam obter recompensas divinas pelos seus atos ignorantes, mas são ludibriados e iludidos pela sua própria vaidade. (17.05)

Quando eles infligem dor ao seu corpo, é a mim que ferem em primeiro lugar. Dessa forma, eles pensam que estão se aproximando do céu, quando em realidade se afundam cada vez mais em seu próprio inferno. (17.06)

Três tipos de dieta

Assim como a fé, podemos separar os alimentos, os sacrifícios, as formas de ascetismo e de caridade em três tipos distintos. Escuta como os podemos distinguir... (17.07)

Os alimentos que promovem a longevidade, a vitalidade, o vigor, a saúde e o bem estar têm bom sabor, aplacam a fome, não são nem demasiado amargos nem azedos, nem muito salgados nem muito picantes.

Aqueles que estão associados à harmonia preferem tal tipo de alimento. (17.08)

Os alimentos muito amargos ou azedos, excessivamente salgados ou picantes, que excitam facilmente o apetite e estimulam o paladar, são os preferidos por aqueles associados às paixões.

Tal dieta, no entanto, costuma acarretar em moléstias, dores estomacais e, ao longo dos anos, enfermidades mais graves. (17.09)

Finalmente, aqueles dominados pela ignorância são atraídos pelos alimentos insossos e impuros, que contaminam o organismo e tornam o estômago putrefato, como as carnes [33] e as bebidas cheias de álcool. (17.10)

Três tipos de sacrifício

Os sacrifícios ofertados conforme as prescrições das escrituras, sem o intuito de barganhar com o sagrado, mas realizados com a fé firme e convicta, são atos próprios daqueles alinhados com a harmonia. (17.11)

No entanto, quando os sacrifícios são oferecidos como forma de barganha, ou somente pela vaidade e a ostentação, então eles são atos próprios daqueles que ainda são dominados pelas paixões. (17.12)

Finalmente, quando os sacrifícios são oferecidos de maneira fria, sem cantoria, nem fé, nem devoção, nem alegria no coração, apenas por mera formalidade, então quem os oferece certamente se encontra alinhado com a ignorância. (17.13)

Três tipos de ascetismo

O respeito e a devoção aos agentes celestiais, aos santos e aos sábios, com pureza no coração, sinceridade e tranquilidade, a isso nós chamamos de ascetismo ou disciplina da ação. (17.14)

O costume de se falar com gentileza e mansidão, procurando enaltecer o que é justo e verdadeiro, assim como a prática do silêncio na contemplação da natureza, a isso nós chamamos de ascetismo ou disciplina da voz. (**17.15★**)

A serenidade mental, o autocontrole, o domínio dos desejos e das paixões, a amabilidade e a pureza de pensamento são todos eles costumes próprios do ascetismo ou disciplina da mente. (17.16)

Esses três tipos de ascetismo, quando praticados com fé inabalável e nenhum apego aos frutos das próprias ações, são próprios dos yogis que vivem na harmonia. (17.17)

No entanto, ó Arjuna, quando a prática do ascetismo tem como objetivo o ganho de vantagens pessoais, honra ou boa fama, os seus resultados são sempre incertos e temporários.
Tal tipo de ascetismo é próprio daqueles sob o domínio de suas próprias paixões. (17.18)

Quando o ascetismo é praticado com brutalidade, e se torna demasiado extremo, afetando a saúde daqueles que o praticam, ou dos seus seguidores incautos, então sabemos que ele é praticado por almas obscurecidas pela ignorância. (17.19)

Três tipos de caridade

Quando a caridade é oferecida com senso de dever, a pessoas dignas que não se encontram em condições de retribuir, no lugar e no tempo corretos, então sabemos que ela está impregnada de harmonia. (17.20)
Quando a caridade é oferecida sem intenção verdadeira, na esperança da obtenção de algum ganho em retorno, ou

quando é um mero ato de pena, então sabemos que ela está alinhada as paixões. (**17.21★**)

Finalmente, quando a caridade é oferecida sem calor algum no coração, com desprezo, a pessoas indignas, no lugar e tempo impróprios, então ela certamente está impregnada de ignorância. (17.22)

O absoluto em tudo

O Espírito preenche a tudo o que há, é o absoluto em tudo.

É da luz do absoluto que derivam a iluminação dos sábios, a inspiração das escrituras sagradas e a religiosidade das práticas espirituais. (17.23)

Por isso, ó príncipe, todos os que conhecem o Espírito pronunciam a sílaba sagrada AUM em sua homenagem antes de iniciarem qualquer ritual religioso ou ato de caridade. (17.24)

Aqueles que buscam a salvação na oferta de sacrifícios, no ascetismo e na caridade também se referem ao Espírito com uma frase: "Ele é tudo", e assim evocam a ideia da unidade do sagrado. (17.25)

Há ainda outra frase para se referir ao Espírito: "Verdade e bondade". Ela deve ser pronunciada quando se pratica uma boa ação ou quando se contempla alguma boa qualidade da natureza. (17.26)

Por isso, ó Arjuna, também se diz que a perseverança, o sacrifício de si mesmo, a renúncia, a caridade e o ascetismo são todos, igualmente, "Verdade e bondade". (17.27)

No entanto, tudo o que é realizado sem fé e calor no coração, seja sacrifício, caridade ou ascetismo, é inteiramente inútil, e não tem valor algum nem neste mundo nem nos demais [34]. (**17.28★**)

CAPÍTULO XVIII – A LIBERTAÇÃO PELA RENÚNCIA

Arjuna disse: Ó Krishna, quisera eu conhecer a natureza da renúncia e do sacrifício, e a diferença entre ambas. (18.01)

Lorde Krishna disse: Os sábios definem a renúncia como a abstenção de todos os atos originários dos desejos do ego. Eles também dizem que o sacrifício é o abandono e a libertação do apego do ego aos frutos de todas as nossas ações. (**18.02★**)

Alguns filósofos argumentam que toda a ação é cheia de erros, e que devemos nos abster de agir conscientemente. Outros pensadores defendem que os atos de oferta de sacrifícios, de caridade e de ascetismo jamais devem ser abandonados. (18.03)

Escuta, ó Arjuna, sobre a minha conclusão acerca do sacrifício. Tem-se dito que há três tipos de sacrifício... (18.04)

Os atos de oferta de sacrifícios, de caridade e de ascetismo não devem mesmo ser abandonados, pois que eles purificam os sábios e os yogis. (18.05)

No entanto, tais ações devem ser praticadas sem nenhuma espécie de apego aos frutos do trabalho realizado. Este é o meu conselho definitivo sobre o assunto, ó Arjuna. (18.06)

Não é correto se abster de nosso dever neste mundo, ó príncipe. Aqueles que seguem ilusões e abandonam o seu dever estão alinhados com a ignorância. (18.07)

Aqueles que desistem de seu dever por o acharem penoso e difícil, ou por temerem a empreitada, nada obtêm deste tipo de renúncia, pois são dominados por suas paixões. (18.08)

No entanto, quando alguém cumpre com seu dever, renunciando aos frutos de suas ações e ao desejo do ego de ser recompensado, e age de acordo com o desígnio da própria natureza, então ele vive em harmonia, e não é mais o único dono de sua vontade. (18.09)

Aquele que não se nega a cumprir um trabalho desagradável, quando necessário, nem se apega somente ao trabalho que pode lhe trazer vantagens, é alguém que renuncia verdadeiramente (*Tyagi*), e vive alinhado com a harmonia, sem grandes dúvidas nem temores acerca do futuro. (18.10)

No entanto, é impossível que os seres humanos deste mundo se abstenham de toda e qualquer ação. Assim sendo, renuncia verdadeiramente quem se abstém de gozar dos frutos das suas ações, e realiza seu trabalho sem apego a recompensas. (**18.11★**)

Toda a ação pode acarretar três tipos de frutos: Os frutos desejáveis, os indesejáveis, e os semidesejáveis. Assim, após partir deste mundo, todos colhem obrigatoriamente tais frutos.

Exceto aquele que renuncia verdadeiramente, este nada tem a colher, e já se encontra no pomar eterno. (18.12)

A filosofia Sânkya

Ó Arjuna, escuta agora sobre os cinco fatores que, de acordo com a filosofia Sânkya, são necessários para a realização de todas as ações. (18.13)

Eles são: O corpo físico, o trono do karma; o agente, o eu; os órgãos de ação e percepção, os instrumentos; os impulsos e energias que afetam o corpo; e as divindades presidentes. (18.14)

Qualquer ação, seja ela boa ou má, que alguém executa em pensamento, palavra ou movimento, tem como causa esses cinco fatores. (18.15)

Dessa forma, quem se considera o único agente de suas ações tem a mente obstruída pela ignorância, e não consegue perceber os demais fatores que lhe influenciam. (18.16)

Aquele que, liberto da ideia ilusória de ser o único agente de suas ações, e cujo intelecto já se encontra purificado do apego aos frutos de tais ações, ainda que fosse chamado a matar na batalha, não seria preso pelas amarras do karma referente a este assassinato. (18.17)

Cada ação tem sua causa em três elementos distintos:
O objeto, o conhecimento do objeto, e aquele que conhece.
Da mesma forma, cada ação possui três componentes:

O instrumento por onde ela ocorre, o ato em si, e o agente da ação. (18.18)

Três tipos de conhecimento

De acordo com a filosofia Sânkya, o conhecimento também pode ser classificado em três tipos. Escuta, ó príncipe, sobre isso. (18.19)

O conhecimento pelo qual alguém chega a perceber em todos os seres vivos o reflexo do ser absoluto, isto é, o indivisível presente no que se encontra separado, é o conhecimento alinhado com a harmonia. (18.20)

O conhecimento pelo qual alguém percebe diversos seres vivendo em realidades separadas, desconectadas, é o conhecimento dominado pelas paixões. (18.21)

Já o conhecimento irracional e inútil, pelo qual alguém chega a considerar um único elemento a origem de toda a realidade – como, por exemplo, o corpo humano –, é o conhecimento obstruído pelas trevas da ignorância. (18.22)

Três tipos de ação

Quando uma ação é realizada para cumprir um dever, sem gosto ou repugnância, e sem apego pelos resultados, então dizemos que é uma ação harmônica. (18.23)

Quando uma ação é realizada para satisfazer um desejo, por motivos egoístas, ou com violência excessiva, então dizemos que é uma ação passional. (18.24)

Quando uma ação é realizada sob o efeito de uma ilusão, sem a preocupação com suas consequências para consigo mesmo e os demais, então dizemos que é uma ação ignorante. (18.25)

Três tipos de agente

Quando um agente é livre do apego e do egoísmo, é dotado de perseverança e de entusiasmo, e se mantém imperturbável tanto no sucesso quanto no fracasso, então sabemos que ele vive em harmonia. (18.26)

Quando um agente é dominado pela cobiça e a luxúria, é apegado aos frutos de suas ações, e oscila sempre entre picos de alegria e tristeza, dependendo da sua sorte, então sabemos que ele se encontra alinhado às paixões. (18.27)

Quando um agente é hipócrita, negligente, preguiçoso, vulgar e malicioso, então sabemos que ele vive na ignorância. (18.28)

Três tipos de intelecto

Agora escuta, ó príncipe, sobre como o intelecto e a determinação também podem ser classificados em três tipos distintos. (18.29)

Ó Arjuna, o intelecto que consegue discernir o caminho da ação do caminho da renúncia, os atos corretos dos errados, a coragem do temor, e a liberdade da escravidão, é aquele que se encontra preenchido de harmonia. (18.30)

Já o intelecto que, ao contrário, confunde o justo com o injusto, e as ações corretas com as erradas, é aquele que se encontra dominado pelas paixões. (18.31)

Finalmente, o intelecto que aceita o injusto como justo, e vê todas as coisas subvertidas, contrárias ao que são em realidade, é aquele que está obstruído pelas trevas da ignorância. (18.32)

Três tipos de determinação

A determinação pela qual um yogi refreia os impulsos da mente e dos sentidos, controlando seus próprios desejos, é aquela que nasce da harmonia. (18.33)

A determinação pela qual alguém se dedica ao cumprimento dos seus deveres com o desejo de colher o fruto de suas ações, e assim desfrutar das riquezas e dos prazeres, é aquela que nasce das paixões. (18.34)

Finalmente, a determinação pela qual alguém se mantém submerso na preguiça, no medo, no abatimento e na negligência, é aquela que nasce da ignorância. (18.35)

Três tipos de prazer

Agora escuta, ó Arjuna, sobre os três tipos de prazer, que tanto podem aumentar quanto extinguir as aflições do andarilho da espiritualidade. (18.36)

O prazer que de início se parece com um amargo veneno, mas no final se torna doce como néctar, é aquele que surge do autoconhecimento e da harmonia interior. (18.37)

Já o prazer que nasce da união dos sentidos com os objetos sensoriais inicialmente nos deleita como o néctar, mas no final se torna um perigoso veneno. Este prazer, ó príncipe, surge de nossas paixões desenfreadas. (**18.38★**)

Finalmente, o prazer que nos confunde e diminui nosso ânimo, do início ao fim, é aquele que advém da sonolência, da preguiça e da negligência. Tal prazer surge da própria ignorância. (18.39)

Ó Arjuna, não há ser, seja neste mundo ou entre os agentes celestiais, que esteja livre da influência das três qualidades da natureza material. (18.40)

O karma e as castas

Os deveres e os tipos de trabalho foram distribuídos entre as castas de acordo com o seu karma, ou seja, suas qualidades e potencialidades atuais [35]. (18.41)

Aqueles que possuem serenidade, tranquilidade, autocontrole, pureza de pensamento, paciência, honestidade, e tanto o conhecimento transcendental quanto a experiência transcendental do convívio com o Espírito, adquirem o karma próprio dos brâmanes (sábios). (18.42)

Aqueles que possuem coragem, vigor, agilidade física e mental, firmeza de vontade, generosidade, disciplina, boa capacidade de administração e bravura em combate, adquirem o karma próprio dos xátrias (guerreiros e governantes). (18.43)

Aqueles que possuem boas habilidades no cultivo e na agricultura, no pastoreio de animais, ou vocação para o comércio e as finanças, adquirem o karma próprio dos vaixás (comerciantes e camponeses).

Aqueles que possuem vocação para os trabalhos servis em geral, auxiliam as demais castas, e adquirem o karma próprio dos sudras (serviçais). (18.44)

A salvação e o dever

Ó Arjuna, aquele que se satisfaz em cumprir o seu dever neste mundo, e trabalha contente e confiante, também pode atingir a salvação. Escuta como isso é possível... (18.45)

Alguém pode atingir a salvação ao cumprir o seu dever com contentamento e confiança, dedicando suas ações e sua vida ao Espírito supremo, de onde todos os seres se originaram, e sustentáculo do universo. (**18.46★**)

É preferível cumprir o próprio dever, ainda que pareça inferior, do que se meter a cumprir o dever alheio, ainda que pareça superior.

Aquele que se contenta em realizar o seu próprio trabalho neste mundo, sem se deixar seduzir pelos ditames do ego, não incorre em pecado. (18.47)

Ainda que o cumprimento do seu próprio dever possa lhe trazer inquietações, ele não deve ser abandonado, mas abraçado.

Pois saiba, ó Arjuna, que assim como a chama é coberta pela fumaça, também as ações são cobertas pela inquietação. (18.48)

Aquele cuja mente permanece sempre liberta dos apegos do ego, cujos sentidos se encontram domesticados, e que jamais é dominado por seus desejos, finalmente alcança a salvação.

Então, ao renunciar a todo e qualquer fruto das suas ações, ele se liberta definitivamente das amarras do karma. (18.49)

Aprende brevemente de mim, ó príncipe, como alguém que alcançou tamanha meta, e se libertou das amarras do karma, chega a viver unificado ao Espírito, o alvo final de todo conhecimento transcendental. (18.50)

Com a mente pacificada, e o intelecto preenchido pela luz do conhecimento da verdadeira natureza do Espírito; não se apegando ao ruído dos objetos que afetam os sentidos, sejam eles dissonantes ou agradáveis; liberto, enfim, de toda paixão e de toda raiva, ele segue em minha direção.

Vivendo na solidão silenciosa de si mesmo, sendo leve no comer, no beber e no falar, com o corpo e a alma disciplinados pela meditação constante, cultivando o desapego em todos os momentos, ele segue em minha direção.

Finalmente, banindo de seus pensamentos todo o egoísmo, todo o orgulho, toda a luxúria, toda a violência, todo o ódio e toda a angústia e, da mesma forma, toda e qualquer ideia de posse, até onde as palavras "eu" e "meu" já não carreguem mais sentido algum, ele chegará a porta do meu refúgio, e ela estará aberta! (18.51−53)

Imerso no Espírito supremo, ele encontrará a serenidade perpétua, e nada mais na existência poderá realmente lhe angustiar ou entristecer, tampouco excitar seu desejo.

Unificado em mim, me verá preenchendo a todos os seres, e amará a tudo intensamente e por igual. (18.54)

Através do amor intenso que me devota, ele compreenderá com clareza quem sou, e o que sou, em minha mais profunda essência. E assim, tendo me visto face a face, ele imergirá na eternidade. (**18.55★**)

O verdadeiro praticante da Karma—Yoga alcança enfim o meu refúgio eterno. E assim, em qualquer ação que realize, também eu estarei presente, pois que ele rendeu sua vida a mim. (18.56)

Assim, ó príncipe, faz como tais iluminados, e dedica em pensamento todas as suas ações a mim. Que eu seja o seu alvo supremo, em todos os momentos. Que cada passo em seu caminho seja mais um passo em minha direção. (**18.57★**)

Enquanto sua mente se manter fixa em mim, você irá superar todas as dificuldades e todos os obstáculos.
No entanto, se o ego por acaso lhe convencer a abandonar esta via, você se tornará um andarilho sem bússola nem destino. (18.58)

As impressões do karma

Se o ego lhe seduzir e lhe levar a pensar, "não irei lutar", esta decisão será vã e incerta, pois é a sua própria natureza, a sua essência, que lhe lançará à batalha. (18.59)
Ó Arjuna, saiba que as impressões do karma são como as trilhas da sua jornada, marcadas a fogo em sua própria alma, e você terminará por seguir este mapa, quer queira, quer não.

Assim, evita a ilusão, pois é melhor agir conscientemente do que arrastado, por estar enredado na teia do ego. (18.60)

O Espírito supremo, que habita todos os corações do mundo, atou todas essas almas a uma roda.
Assim, como que fantoches, os seres são atraídos pelos objetos sensoriais, e não percebem que os seus desejos são os fios que os fazem agir tal qual marionetes.
Ó meu amigo, é preciso saber reconhecer aquele que faz a roda da existência girar. (**18.61★**)

Portanto, abandona tais desejos incertos, e fixa o seu coração no eixo do mundo.
Ó Arjuna, busca o meu refúgio com todo o seu amor, e também virá a habitá-lo; aqui, bem aqui, onde reside a paz perpétua. (18.62)

Assim, eu lhe ensinei o conhecimento que é o mistério dos mistérios. Reflete cuidadosamente sobre tudo isso, e depois faça como achar melhor. (18.63)

O último ensinamento

Ó Arjuna, me escuta uma vez mais. Escuta o meu ensinamento mais secreto e mais sagrado. Como tenho por ti uma enorme afeição, lhe digo aquilo que lhe trará grande benefício. (18.64)

Fixa o alvo dos seus pensamentos em mim; seja devoto e me ofereça cada uma de suas ações; se abandona em mim, que estou em tudo, e certamente me encontrará em tudo.
Esta é a mais pura verdade do mundo, eu lhe prometo, pois que lhe amo profundamente. (18.65)

Ponha de lado todas as obrigações e rituais religiosos, e se atira completamente em mim. Me toma como seu refúgio com todo o seu coração e toda a sua fé, e encontrará as portas abertas.

Então, eu lhe libertarei de todo pecado, de todas as amarras do karma e de toda a aflição, ó príncipe. (**18.66★**)

Mas tal ensinamento não deve ser passado ao mundano, ao ímpio, tampouco aquele que não quer ouvir, ou aquele que não me tem em boa medida.

Deixa que vivam como acharem melhor. (18.67)

No entanto, aquele que divulgar esta sublime canção entre aqueles devotos que já caminham em minha direção por sua própria vontade, estará cumprindo o maior dos serviços devocionais.

Entre os seres deste mundo, ninguém poderá me honrar com um serviço mais nobre do que esses que cantam a minha canção àqueles que anseiam ouvir a minha música.

Ó Arjuna, eu nutro por tais cantores o mais profundo amor. (**18.68−69★**)

Eu lhe prometo: Aquele que se dedicar ao estudo e a meditação sobre este nosso diálogo sagrado estará me ofertando o maior dos sacrifícios, o sacrifício da sabedoria. (18.70)

Da mesma forma, aquele que escutar tal canção cheio de fé, e sem malícia no coração, poderá se livrar dos seus pecados e se encaminhar diretamente ao céu. (18.71)

Ó Arjuna, meu amigo, você escutou atentamente a tudo o que foi dito hoje? Acaso a sua ilusão, filha da ignorância, já desvaneceu por completo? (18.72)

Arjuna disse: Ó Krishna, a sua luz cintilou, e a minha ilusão desapareceu. Através da sua canção, eu alcancei o autoconhecimento necessário, de modo que a minha incerteza acerca do que fazer se dissipou.
Eu estou decidido, e agirei segundo a sua divina instrução. (18.73)

Sanjaya disse: Foi assim que ouvi este diálogo maravilhoso entre Lorde Krishna e Arjuna, príncipe dos Pândavas. E, ao ouvi−lo, meus cabelos se eriçaram e meus pelos se arrepiaram. (18.74)

Através da clarividência que me foi conferida pelo grande sábio Vyasa, conheci esta divina canção, o mistério dos mistérios, e ela me foi revelada pelos lábios do próprio senhor de todo o universo. (18.75)

Ó rei, eu guardei tal música no fundo da minha alma, e toda vez que a relembro, é mais um momento de êxtase. (18.76)

E ainda, toda vez que imagino a forma cósmica em que Lorde Krishna se transfigurou, novamente sou inundado por um espanto profundo. (18.77)
Onde quer que esteja Krishna, o senhor do universo, ou a sua sublime canção, contida nas escrituras, e onde quer que esteja o príncipe Arjuna, com seu arco apontado no alvo além do horizonte, lá também estarão a grandeza, a vitória, a prosperidade, a justiça e a tranquilidade. (**18.78★**)

PAZ A TODOS OS SERES

Notas

[1] No plano literal, o início do *Bhagavad Gita* traz uma mensagem pacifista. Já no plano mítico, Arjuna identifica os participantes da guerra aos próprios desejos. Isto é, conforme destacado no prefácio desta edição, fica claro que se trata de uma guerra psicológica. Neste caso, o leitor deve invariavelmente se identificar com o próprio Arjuna, e descobrir quem são os Kurus e os Pândavas (os pensamentos materialistas e espirituais, respectivamente) em sua própria mente. Note, entretanto, que todos eles "são seus filhos".

[2] Novamente há dois planos de interpretação. O literal se assemelha a antiga visão conservadora (de fato, milenar). O plano mítico continua tratando do campo psicológico: as mulheres corrompidas, e seus filhos indesejados, nada mais são do que os maus pensamentos, muitos dos quais "não sabemos exatamente como chegaram até nós".

[3] No hinduísmo o inferno não é eterno, e quer significar o período de arrependimento pelo qual a alma passa, seja após a morte, quando aguarda um novo renascimento, seja ainda na própria vida. No entanto, muitas descrições do inferno hindu não devem em nada, em matéria de sofrimento, ao inferno do cristianismo.

[4] Hastinapura (cidade [*pura*] do elefante [*hastina*]) é a lendária capital da dinastia dos reis Kurus e local principal de toda a narrativa do *Mahabharata*, incluindo o *Gita*. Está localizada ao norte da Índia, às margens do rio Ganges, e

possuí um importante sítio arqueológico que comprova sua existência ainda na época em que tais obras sagradas foram primeiramente escritas. Hoje abriga uma cidadezinha fundada em 1949, que contava 21.248 habitantes no senso de 2001.

[5] Se o inferno hindu é um estado de sofrimento de maior ou menor duração, o céu, igualmente, é o estado de graça, quando as nobres ações e os nobres pensamentos estão alinhados com a vontade da natureza, da vida, ou de Deus. Krishna aconselha Arjuna a combater o medo e a angústia, para que seus melhores pensamentos possam voltar a aflorar.

[6] Impossível não associar tal verso ao famoso trecho da carta de Paulo de Tarso aos Coríntios: "Ainda que eu falasse a língua dos homens e dos anjos, sem o amor eu nada seria". É muito improvável que Paulo tenha tido contato com o *Bhagavad Gita*...

[7] Há uma boa razão para o *Gita* deixar claro que eles estavam "entre os dois exércitos", pois a sabedoria consiste em identificar o caminho do meio, o caminho entre os opostos, entre os pensamentos materialistas e espirituais – pois que no fim ambos são necessários para nossa evolução. Afinal, é somente porque existe a escuridão que sabemos o que é a luz, e é somente porque existem as guerras que sabemos o que é a tranquilidade.

[8] Conforme dizia Joseph Campbell, grande estudioso de mitologia do século XX: "O mito é algo que não existe, mas que existe sempre".

[9] Conforme bem notou Arthur Schopenhauer, célebre filósofo alemão, em *Da morte, metafísica do amor, do sofrimento do mundo* (Ed. Martin Claret):

"Sobre a universalidade da crença na metempsicose [reencarnação], Obry nos diz, com razão, no seu excelente livro *Du Nirvana indien*, p.13: "Esta velha crença fez a volta ao mundo, e estava de tal modo expandida na alta antiguidade, que um douto anglicano a julgou sem pai, sem mãe, e sem genealogia". Já ensinada nos Vedas, como em todos os livros sagrados da Índia, a metempsicose é, como se sabe, o núcleo do bramanismo e do budismo, e reina até hoje por toda a Ásia não conquistada pelo islamismo, isto é, em mais da metade do gênero humano, como a crença mais sólida, e como influência prática de uma força inimaginável. Ela foi também um elemento de fé dos egípcios (Heródoto, II, 123); Orfeu, Pitágoras e Platão a adotaram com entusiasmo, e os pitagóricos, sobretudo, a mantiveram firmemente. [...] Ela era também o fundamento das religiões dos druidas. [...] Mesmo entre os americanos (índios) e povos negros, a até mesmo entre os australianos (aborígenes), encontram—se traços dela."

[10] Realmente se trata de um assunto complexo. Eu gosto muito da forma como John Galsworthy, escritor britânico, o resumiu: "As palavras são cascas de sentimento". Mas, no que se refere a análise da transcendência dos mitos, talvez ninguém seja maior autoridade no tema, no Ocidente, do que Joseph Campbell. Permita—me citar uma de suas respostas a Bill Moyers em *O Poder do Mito*, onde ele falava sobre "a eternidade":

"A fonte da vida temporal é a eternidade. A eternidade se derrama a si mesma no mundo. É a ideia mítica, básica, do deus que se torna múltiplo em nós. Na Índia, o deus que repousa em mim é chamado o "habitante" do corpo. Identificar—se com esse aspecto divino, imortal, de você mesmo é identificar—se com a divindade.

Ora, a eternidade está além de todas as categorias de pensamento. Este é um ponto fundamental em todas as grandes religiões do Oriente. Nosso desejo é pensar a respeito de Deus. Deus é um pensamento. Deus é um nome. Deus é uma ideia. Mas sua referência é a algo que transcende a todo pensamento. O supremo mistério de ser está além de todas as categorias de pensamento.

[...] As melhores coisas não podem ser ditas porque transcendem o pensamento. As coisas um pouco piores são mal compreendidas, porque são os pensamentos que supostamente se referem àquilo a respeito de que não se pode pensar. Logo abaixo dessas, vêm as coisas das quais falamos. E o mito é aquele campo de referência àquilo que é absolutamente transcendente."

Em suma, o que todos esses sábios estão tentando nos dizer é que não basta ler o manual de natação, é preciso mergulhar, pois o mergulho não pode ser descrito em palavras. Há um "deus" que é tão somente uma palavra, e há a experiência de Deus. Só quem passa por tal experiência, sabe...

[11] Numa análise puramente literal do texto, pode parecer que nesses últimos versos Krishna, o próprio verbo divino, está aconselhando seu discípulo, o homem, a lutar numa guerra aparentemente sem sentido. É aqui que a análise mítica se faz mais uma vez tão necessária: seria

realmente estranho, se a tal batalha não se referisse, em realidade, a batalha do homem consigo mesmo, a guerra justa, justíssima, do ser que deseja vencer o seu lado animal, materialista, e se encaminhar para o lado angelical, espiritual.

Assim como Arjuna, nós lutamos esta batalha todos os dias, todos os momentos de nossa vida. É nosso dever, de fato, procurarmos lutá–la sem incorrer no pecado das angústias e expectativas, indiferentes as pequenas vitórias e derrotas, e com o coração ancorado na tranquilidade e na serenidade.

[12] Os *Vedas* formam a base do extenso sistema de escrituras sagradas do hinduísmo, que representam a mais antiga literatura de qualquer língua indo–europeia. O texto mais antigo já encontrado (*Rigveda*) é, atualmente, datado em aproximadamente 1.500 a.C. a 2.000 a.C., mas a maioria dos estudiosos concordam com a possibilidade de que uma longa tradição oral existiu antes disso. Em sânscrito, o título "*Vedas*" se refere aos termos "conhecer" e/ou "conhecimento".

[13] Para o mergulhador de águas profundas, os manuais de natação já não têm mais a utilidade de outrora. Ao conhecer a si mesmo, abandona os julgamentos morais, as paixões e a ignorância, e passa a contemplar em tudo o funcionamento das leis da natureza.

[14] O verso parece querer indicar que enquanto a maioria das pessoas se apega aos objetos (sensoriais) iluminados pela luz do dia como algo essencial, o yogi, pelo contrário, os percebe como algo ilusório. Da mesma forma, enquanto a maioria das pessoas permanece sonolenta e cega para o que é essencial, aos olhos da alma, isto é, pelo ponto

de vista de um yogi, a essência das coisas está sempre muito bem iluminada pelo sol (espiritual).

[15] Apesar de Arjuna se referir a batalha como um trabalho, ao longo do capítulo Krishna irá associar o trabalho e a ação ao serviço altruísta, isto é, descompromissado com os possíveis lucros (não que não possam existir, apenas não são o essencial) e voltado para o bem geral da humanidade.

Ora, aqui é preciso novamente sair do plano literal e considerar a guerra contra os Kurus como uma luta contra os pensamentos egoístas de nosso próprio ser. Assim como Arjuna, se quisermos efetivamente prosseguir no caminho do serviço altruísta, não há como nos abster da guerra interna contra nosso próprio egoísmo, pois do contrário jamais conseguiríamos trilhá-lo. Vencer e domesticar os Kurus se torna um passo essencial deste caminho: de fato, o primeiro passo.

[16] De acordo com o *Mahabharata*, os Janakas eram uma raça de reis que governavam o reino Videha da sua capital Mithila. O pai de Sita (esposa de Rama), o rei mais citado no épico, era chamado Siradwaja Janaka. O *Mahabharata* menciona muitos outros reis Janaka, que foram todos grandes estudiosos e que levavam a vida de um yogi, apesar de serem reis. Eles conduziram diálogos religiosos e filosóficos com muitos outros sábios fora da nobreza.

[17] Os sentidos, por onde operam os desejos, são designados em sânscrito pelo termo *Kâma* (não confundir com karma). A mente é chamada *Manas*. O conhecimento transcendental é chamado *Budhi*. Finalmente, o Eu Real é conhecido como *Atma*.

[18] Vivasvat é uma divindade solar que habitou os primórdios do mundo, tendo sido o arquiteto das primeiras cidades e palácios. Manu é o primeiro homem, o pai de todas as raças humanas (também há referências aos "Manus", no plural). Já os Rishis são a dinastia de reis sábios que governaram o mundo antigo.

[19] As quatro castas representam as quatro classes de atividade humana: os sábios (brâmanes), os guerreiros e governantes (xátrias), os comerciantes e camponeses (vaixás) e os serviçais (sudras). A atual Constituição da Índia rejeita a discriminação com base nas castas, seguindo princípios democráticos, mas nas zonas rurais este tipo de problema ainda persiste. A ideia original das castas não necessariamente indica seres "superiores" ou "inferiores", mas tão somente uma subdivisão de tarefas com base nas aptidões e potencialidades de cada um. O próprio Platão também pensou em algo parecido em sua *República*.

[20] O conhecimento do Espírito eterno, de Deus ou do Cosmos é o objetivo final de toda a espiritualidade profunda, de todo o misticismo verdadeiro. É pelo conhecimento de nós mesmos, e de nossa relação com tudo o que há, que podemos eventualmente chegar a tal *gnose* (como chamavam os cristãos primitivos). Tal conhecimento, no entanto, não é um conhecimento limitado à razão lógica, científica, mas antes um conhecimento bem maior, que abarca todas as nossas potencialidades, principalmente a intuição. Neste sentido, é ao mesmo tempo um conhecimento transcendental e uma experiência, uma vivência transcendental.

[21] É preciso considerar que, sem fé, nem mesmo os cientistas teriam motivação para continuar trabalhando em suas teorias, que podem ser comprovadas num futuro próximo ou distante, mas que ainda não foram, e talvez nunca sejam. É claro que esta obra menciona primordialmente "a fé nos alicerces do Espírito"; entretanto, estamos no século 21, e hoje existem cientistas que amam a natureza de forma tão profunda que são capazes de dedicar suas vidas inteiras ao seu estudo. Não há nenhum problema em se ter "fé nos alicerces da natureza", pois de um jeito ou de outro, chega-se ao mesmo objetivo: compreender o Todo.

[22] A *Cidadela dos Nove Portais* é uma referência ao corpo físico, abrigo da alma, com os seus nove orifícios: dois olhos, dois ouvidos, duas cavidades do nariz, a boca, os genitais e o ânus.

[23] O pano simboliza a castidade, o couro de antílope simboliza a delicadeza, e a relva simboliza a firmeza. O yogi deve ser casto, delicado e firme em suas práticas.

[24] Humberto Rohden, filósofo e espiritualista brasileiro, costumava acrescentar esta nota em seus livros:

"A substituição da tradicional palavra latina *crear* pelo neologismo moderno *criar* é aceitável em nível de cultura primária, porque favorece a alfabetização e dispensa esforço mental – mas não é aceitável em nível de cultura superior, porque deturpa o pensamento.
Crear é a manifestação da Essência em forma de existência – criar é a transição de uma existência para outra existência.

O Poder Infinito é o creador do Universo – um fazendeiro é criador de gado. Há entre os homens gênios creadores, embora não sejam talvez criadores.

A conhecida lei de Lavoisier [químico francês] diz que "na natureza nada se crea e nada se aniquila, tudo se transforma", se grafarmos "nada se crea", esta lei está certa, mas se escrevermos "nada se cria", ela resulta totalmente falsa.

Por isto, preferimos a verdade e clareza do pensamento a quaisquer convenções acadêmicas."

[25] AUM, a sílaba sagrada que os monges pronunciam como um mantra, é o símbolo do Espírito eterno. "A" simboliza a sua ação de criação; "U" simboliza a sustentação do universo; e "M" simboliza a sua ação de destruição e/ou renovação.

[26] Há diversas mitologias ancestrais que nos trazem uma ideia de "imersão no sagrado", e esse sagrado é nada mais do que a própria natureza, e de fato tudo o que há, *tudo o que existe*. Por exemplo, entre os índios navajo, há o caminho do pólen (conforme descrito por Joseph Campbell em *O Poder do Mito*):

Na casa da vida eu me aventuro
No caminho do pólen
Com um deus enevoado eu me aventuro
No caminho do pólen
Para uma dimensão sagrada
Com um deus à frente eu me aventuro
E um deus atrás de mim
Na casa da vida eu me aventuro
No caminho do pólen

153

Ah! A beleza à minha frente
A beleza atrás de mim
A beleza a minha direita, e a minha esquerda
A beleza acima e a beleza abaixo
Eu estou no caminho do pólen!

O que o *Gita* quer nos trazer, com tantas descrições do tipo "eu sou" que ainda surgirão ao longo do livro (recitadas por Krishna, aquele que se unificou ao Espírito eterno), não é propriamente a mera enumeração dos elementos da natureza, mas antes uma experiência de pertencimento e preenchimento.

Tais versos não devem ser lidos pelo intelecto, mas pela alma. Ou, também se poderia dizer: tais versos não devem ser lidos, mas sim sentidos!

[27] Brama é o deus hindu que simboliza a criação, e tudo o que existe no tempo é compreendido entre o período de um *Kalpa*, ou um Dia de Brama, o que corresponde a 4,32 bilhões de anos na Terra.

Carl Sagan foi um cientista admirado com a capacidade dos *Vedas* de anteverem períodos tão longos de tempo, que de fato se aproximam mais das medições da cosmologia moderna para a idade do universo do que quaisquer outros textos sagrados de que temos notícia.

[28] É importante notar que, neste contexto, o deus Brama pode ser diretamente associado ao Espírito eterno.

[29] *Soma* é a bebida sagrada dos brâmanes e dos sábios, extraída de uma planta rara. Ela corresponde à ambrosia ou néctar dos gregos, e à eucaristia dos cristãos.

[30] Quando Krishna se torna uma espécie de monstro diante de Arjuna, isto quer dizer que o príncipe dos Pândavas está vivenciando o aspecto monstruoso da divindade. Há vários deuses hindus que possuem aspectos pacíficos e raivosos, mas talvez o exemplo do budismo seja o mais didático, conforme nos explica Joseph Campbell em *O Poder do Mito*:

"Nos sistemas budistas, especialmente os do Tibete, os budas da meditação aparecem sob ambos os aspectos – pacífico e colérico. Se você se apegar fortemente ao seu ego e ao seu pequeno mundo temporal, de mágoas e alegrias, querendo preservar uma vida desejada, aparecerá o aspecto colérico da deidade. Esta será terrível. Mas no momento em que o seu ego se desprende e se entrega, aquele mesmo buda é experimentado como doador de felicidade."

Eu concordo com Campbell, como seria de esperar pela quantidade de vezes que o citei nessas notas. Penso eu que o "aspecto monstruoso" da divindade é tão somente uma visão do ego sobre a mesma. Quando estamos reconectados com o nosso verdadeiro Eu, o monstro é vencido ou, tanto melhor, torna-se nosso amigo.

[31] É extraordinário que o *Gita* já discutisse, há tantos séculos atrás, os aspectos pessoais e impessoais da divindade. Há muitos que pensam se tratar de um debate da era moderna, mas este trecho sugere que os antigos hindus já se depararam com ele lá atrás.

[32] Tais qualidades ou princípios também são conhecidos como *Satwa* (harmonia), *Rajas* (atividade; movimento) e *Tamas* (inatividade; inércia). Há também diversas

manifestações derivadas de tais princípios como, por exemplo, aquelas listadas no verso 7.12, que reproduzimos novamente abaixo:

"Saiba, ó príncipe, que são três as qualidades da minha natureza material – a harmonia, a atividade e a inatividade –, as quais também se manifestam como a luz da bondade e da beleza, o desejo desenfreado da paixão, e as trevas da ignorância.
Todas elas, no entanto, emanam de mim. Todas elas dependem de mim, mas eu não dependo delas."

[33] O vegetarianismo é um regime alimentar que excluí da dieta diária todos os tipos de carne. Ele teve sua origem na tradição filosófica indiana, que chega ao Ocidente com a doutrina pitagórica. Nas raízes indianas e pitagóricas do vegetarianismo, este é ligado à noção de pureza e contaminação, não correspondendo à sua atual visão de respeito aos animais. O vegetarianismo na Índia e arredores não foi exclusividade do hinduísmo: Mahavira, fundador histórico do jainismo, era vegetariano rigoroso, tal como os seus seguidores. Sidarta Gautama, o Buda, era vegetariano e não permitia que os seus discípulos consumissem carne.
Recentemente, no entanto, o vegetarianismo tem entrado em um relativo declínio na Índia, principalmente devido ao surgimento de uma nova classe média que valoriza hábitos ocidentais em detrimento da tradição cultural e religiosa.

[34] A sílaba sagrada, AUM, que se refere ao Espírito eterno, também pode vir acompanhada por duas outras, formando AUM TAT SAT. TAT significa "a unidade do sagrado", ou a frase "ele é tudo". SAT significa "verdade e bondade". Assim, ao pronunciarmos em orações e mantras

AUM TAT SAT, estamos dizendo que "o Espírito é tudo, o Espírito é a verdade e a bondade".

Quando, no entanto, participamos de práticas espirituais sem fé e boa vontade, estamos caindo em ASAT, que significa "nulidade".

[35] Como já explicado na nota 19, as quatro castas representam as quatro classes de atividade humana: os sábios (brâmanes), os guerreiros e governantes (xátrias), os comerciantes e camponeses (vaixás) e os serviçais (sudras). A atual Constituição da Índia rejeita a descriminação com base nas castas, seguindo princípios democráticos, mas nas zonas rurais este tipo de problema ainda persiste. A ideia original das castas não necessariamente indica seres "superiores" ou "inferiores", mas tão somente uma subdivisão de tarefas com base nas aptidões e potencialidades de cada um.

Neste trecho do último capítulo do *Gita*, Krishna faz uma associação entre a casta atual e o karma de cada um. Isto é, a casta não seria algo hereditário, mas uma condição própria do karma passado de cada alma.

Numa sociedade democrática, as pessoas são livres para assumir as posições que bem entenderem. No entanto, somente aqueles que têm vocação para o seu trabalho serão efetivamente bem sucedidos e realizados. Neste sentido, o conceito das castas pode ter se tornado ultrapassado, mas o conceito que afirma que as potencialidades (que vêm desde o nascimento, fruto de vidas anteriores) podem determinar a aptidão de cada um na vida atual continua fazendo muito sentido, ao menos para aqueles que creem na reencarnação.

Epílogo: Amor sem Fim

Eu pareço ter amado você em inúmeras formas, inúmeras
    vezes,
em vida após vida, idade após idade, sempre.
Meu coração enfeitiçado fez e refez o colar de canções
que você aceita como presente, usa à volta do pescoço em
    suas muitas formas,
em vida após vida, idade após idade, sempre.

Quando eu escuto crônicas antigas de amor, é sofrimento
    amadurecido,
é o conto ancestral de se estar junto ou separado.
Assim que eu encaro mais e mais fundo o passado,
no final você emerge
envolto na luz de uma estrela—cadente
cortando a escuridão do tempo:
você se torna uma imagem do que é lembrado para sempre.

Eu e você temos flutuado aqui no córrego que flui da fonte,
no coração do tempo do amor de um pelo outro.
Nós temos brincado ao lado de milhões de amantes,
partilhado a mesma doce timidez do encontro,
as mesmas dolorosas lágrimas de despedida –
amor antigo, mas em formas que se renovam e renovam,
    sempre.

Hoje ele está guardado aos seus pés, ele achou o seu fim em
    você;

o amor de todos os dias dos homens, tanto passados quanto
    eternos:
alegria universal, tristeza universal, vida universal.
As memórias de todos os amores
mesclando—se com esse nosso amor único –
e as canções de cada poeta, tanto passados quanto eternos.

Rabindranath Tagore (1861–1941) foi um poeta, escritor, músico e místico bengalês, vencedor do Prêmio Nobel de Literatura de 1913 pelo seu livro de poemas, Gitanjali, *que também já foi traduzido por Rafael Arrais.*

Made in United States
Orlando, FL
12 February 2025

58471778R00090